Sabores Leves e Saudáveis

Receitas de Baixo Sódio para uma Vida Equilibrada

Ana Silva

Índice

Omelete com pimentão 12

fritada de salsa 13

Ovos cozidos e alcachofras 14

Caçarola de feijão e ovo 15

Mistura de queijo com açafrão 16

Batatas fritas e legumes 17

Risoto de Cebolinha e Bacon 19

Quinoa com canela, pistache 20

Mistura de iogurte de cereja 21

Mistura de guarnição e coco 22

iogurte de maçã 23

Tigelas de Aveia com Morango 24

Maple blend de pêssego 25

Arroz com canela e tâmaras 26

Iogurte de figo, pêra e romã 27

Mingau de Noz-moscada e Morango 28

Arroz cremoso e frutas vermelhas 29

Arroz com baunilha e coco 30

Arroz de coco e cerejas 31

Mistura de arroz com gengibre 32

ensopado de linguiça 33

Tigelas de arroz com cogumelos 35

Ovos de tomate e espinafre 36

omelete de gergelim 37

abobrinha aveia	38
Tigela de amêndoa e coco	39
Salada quente de grão de bico	40
Pudim de cacau e milho	41
pudim de chia	42
pudim de tapioca	43
hash cheddar	44
salada de ervilha	45
Quinoa e mix de grão de bico	46
Salada de Azeitona e Pimenta	47
Mistura de feijão verde e ovos	48
Salada de cenoura e ovo	49
bagas cremosas	50
Ensopado de carne moída e tomate	51
Salada de camarão e abacate	52
creme de brócolis	53
Sopa de repolho	54
Sopa de aipo e couve-flor	55
Sopa de alho-poró e carne de porco	56
Brócolis Camarão Salada De Hortelã	57
Sopa de camarão e bacalhau	59
Mistura de camarões e cebolinha	60
o ensopado de espinafre	61
curry de couve-flor	62
Ensopado de Cenoura e Abobrinha	63
Ensopado de Couve e Feijão Verde	64
Sopa de Cogumelos	65

carne de porco com pimenta 66
Salada de cogumelos com páprica e salmão 67
Mistura de grão de bico e batata 69
Cardamomo Mix de Frango 71
pimenta lentilha 72
endívia de alecrim 73
limão divy 74
espargos com pesto 75
Cenouras com páprica 76
Caçarola de batata cremosa 77
repolho gergelim 78
brócolis com coentro 79
Couve de Bruxelas com pimenta 80
Couve de Bruxelas e mistura de cebola verde 81
purê de couve-flor 82
salada de abacate 83
salada de rabanete 84
Salada de endívia com limão 85
Mistura de azeitonas e milho 86
Salada de Rúcula e Pinhão 87
amêndoas e espinafre 88
Feijão verde e salada de milho 89
Salada de endívias e couve 90
salada de edamame 91
Salada de uva e abacate 92
Mistura de berinjela com orégano 93
Mistura de Tomate Assado 94

cogumelos tomilho 95
Espinafre e milho salteados 96
Milho e cebola refogados 97
salada de espinafre e manga 98
batata mostarda 99
Couve de Bruxelas de Coco 100
cenouras salvas 101
Cogumelos com alho e milho 102
Feijão verde com pesto 103
tomate estragão 104
beterraba amêndoa 105
Tomate menta e milho 106
Molho de abobrinha e abacate 107
Mistura de maçã e repolho 108
beterraba assada 109
repolho de endro 110
Salada de repolho e cenoura 111
Molho de tomate e azeitonas 112
salada de abobrinha 113
Salada de cenoura ao curry 114
salada e salada de beterraba 115
rabanetes com ervas 116
Mistura de erva-doce assada 117
pimentas assadas 118
Tâmaras salteadas e couve 119
Mistura de azeitonas e endívias 121
salada de tomate e pepino 122

Salada de pimenta e cenoura 123

Mistura de feijão preto e arroz 124

Arroz de couve flor 125

molho de pepino 126

pasta de grão de bico 127

molho de azeitona 128

Molho de cebola de coco 129

Molho de pinhões e coco 130

Molho de rúcula e pepino 131

molho de queijo 132

Molho de iogurte com páprica 133

molho de couve-flor 134

creme de camarão 135

molho de pêssego 136

chips de cenoura 137

picada de aspargo 138

Tigelas de figos assados 139

Molho de repolho e camarão 140

barcos de abacate 141

molho de limão 142

molho de batata doce 143

molho de feijão 144

molho de feijão verde 145

Creme de cenoura 146

Ketchup 147

tigelas de salmão 148

Molho de tomate e milho 149

Cogumelos assados 150

pasta de feijão 151

Molho de coentros e erva-doce 152

picada de couve de bruxelas 153

Picadas de Nozes Balsâmicas 154

chips de rabanete 155

Salada de alho-poró e camarão 156

molho de alho-poró 157

salada de pimenta 158

creme de abacate 159

molho de milho 160

varas de feijão 161

Mistura de sementes de abóbora e chips de maçã 162

Molho de tomate e iogurte 163

tigelas de beterraba caiena 164

Tigelas de noz-pecã e nozes 165

Muffins de Salmão e Salsa 166

bolas de abóbora 167

Tigelas de cebola com queijo pérola 168

talos de brócolis 169

Abacaxi e molho de tomate 170

Mistura de peru e alcachofra 171

Peru Mistura de Orégano 172

galinha laranja 173

Peru de alho e cogumelos 174

salada de truta 175

truta balsâmica 176

salmão com salsa 177
Salada de truta e legumes 178
salmão açafrão 179
Salada de camarão e melancia 180
Salada de camarão e quinoa com orégano 181
salada de caranguejo 182
vieiras balsâmicas 183
Mistura cremosa de esfoliante 184
Salmão temperado e mistura de manga 185
Mix de Camarão Dill 186
patê de salmão 187
camarões com alcachofras 188
Camarões com molho de limão 189
Mistura de atum e laranja 190
caril de salmão 191
Mix de salmão e cenoura 192
Mistura de camarões e pinhões 193
Bacalhau com malagueta e feijão verde 194
amêijoas alho 195
Mistura cremosa de robalo 196
Mistura de robalo e cogumelos 197
sopa de salmão 198
Camarão Noz Moscada 199
Mistura de camarões e frutos silvestres 200
Truta de limão assada 201
amêijoas cebolinha 202
almôndegas de atum 203

panela de salmão 204

Mistura de bacalhau com mostarda 205

Mistura de camarões e espargos 206

bacalhau e ervilhas 207

Tigelas de camarão e mexilhão 208

creme de menta 209

pudim de framboesa 210

barras de amêndoa 211

Mistura de pêssego assado 212

Torta de nozes 213

torta de maçã 214

creme de canela 215

mistura cremosa de morango 216

Brownies de baunilha e nozes 217

pudim de cacau 219

Noz-moscada e creme de baunilha 220

creme de abacate 221

Omelete com pimentão

Tempo de preparo: 10 minutos.
Tempo de preparo: 15 minutos.
Porções: 4

Ingredientes:
- 4 ovos batidos
- Uma pitada de pimenta preta
- ¼ xícara de bacon com baixo teor de sódio, picado
- 1 colher de sopa de azeite
- 1 xícara de pimenta vermelha picada
- 4 cebolinhas picadas
- ¾ xícara de queijo com baixo teor de gordura, ralado

Endereços:
1. Aqueça uma frigideira com o azeite em fogo médio, acrescente a cebolinha e o pimentão, mexa e frite por 5 minutos.
2. Adicione os ovos e os demais ingredientes, misture, espalhe na panela, cozinhe por 5 minutos, vire, cozinhe por mais 5 minutos, espalhe nos pratos e sirva.

Nutrição: calorias 288, gordura 18, fibra 0,8, carboidratos 4, proteína 13,4

fritada de salsa

Tempo de preparo: 10 minutos.
Tempo de preparo: 20 minutos.
Porções: 4

Ingredientes:
- Uma pitada de pimenta preta
- 4 ovos batidos
- 2 colheres de salsa picada
- 1 colher de sopa de queijo magro, ralado
- 1 cebola roxa, picada
- 1 colher de sopa de azeite

Endereços:
1. Aqueça uma panela com o azeite em fogo médio, acrescente a cebola e a pimenta-do-reino, mexa e frite por 5 minutos.
2. Adicione os ovos misturados com os outros ingredientes, espalhe na forma, leve ao forno e cozinhe a 360 graus F por 15 minutos.
3. Divida a fritada entre os pratos e sirva.

Nutrição: calorias 112, gordura 8,5, fibra 0,7, carboidratos 3,1, proteína 6,3

Ovos cozidos e alcachofras

Tempo de preparo: 5 minutos.
Tempo de preparo: 20 minutos.
Porções: 4

Ingredientes:
- 4 ovos
- 4 fatias de queijo cheddar com baixo teor de gordura, ralado
- 1 cebola amarela, picada
- 1 colher de sopa de óleo de abacate
- 1 c. de sopa de coentros picados
- 1 xícara de alcachofras enlatadas sem sal, escorridas e picadas

Endereços:
1. Unte 4 formas com o óleo, divida a cebola em cada uma, quebre um ovo em cada forma, acrescente as alcachofras e cubra com coentro e queijo cheddar.
2. Coloque as panelas no forno e asse a 380 graus F por 20 minutos.
3. Sirva ovos cozidos no café da manhã.

Nutrição: calorias 178, gordura 10,9, fibra 2,9, carboidratos 8,4, proteína 14,2

Caçarola de feijão e ovo

Tempo de preparo: 10 minutos.
Tempo de preparo: 30 minutos.
Porções: 8

Ingredientes:
- 8 ovos, batidos
- 2 cebolas roxas, picadas
- 1 pimenta vermelha, picada
- 4 onças de feijão preto enlatado, sem adição de sal, escorrido e enxaguado
- ½ xícara de cebolinha verde, picada
- 1 xícara de queijo mussarela com baixo teor de gordura, ralado
- spray para cozinhar

Endereços:
1. Unte uma assadeira com spray de cozinha e espalhe o feijão preto, cebola, cebolinha e pimentão na panela.
2. Adicione os ovos misturados com o queijo, coloque no forno e asse a 380 graus F por 30 minutos.
3. Espalhe a mistura em pratos e sirva no café da manhã.

Nutrição: calorias 140, gordura 4,7, fibra 3,4, carboidratos 13,6, proteína 11,2

Mistura de queijo com açafrão

Tempo de preparo: 10 minutos.
Tempo de preparo: 15 minutos.
Porções: 4

Ingredientes:
- 3 colheres de sopa de mussarela desnatada, ralada
- Uma pitada de pimenta preta
- 4 ovos batidos
- 1 pimenta vermelha, picada
- 1 colher de cúrcuma em pó
- 1 colher de sopa de azeite
- 2 chalotas picadas

Endereços:
1. Aqueça uma frigideira com o azeite em fogo médio, acrescente as chalotas e os pimentões, mexa e frite por 5 minutos.
2. Adicione os ovos misturados com o restante dos ingredientes, mexa, cozinhe por 10 minutos, divida tudo pelos pratos e sirva.

Nutrição: calorias 138, gordura 8, fibra 1,3, carboidratos 4,6, proteína 12

Batatas fritas e legumes

Tempo de preparo: 10 minutos.
Tempo de preparo: 20 minutos.
Porções: 4

Ingredientes:
- 1 colher de sopa de azeite
- 4 ovos batidos
- 1 xícara de hash brown
- ½ xícara de queijo cheddar com baixo teor de gordura, ralado
- 1 cebola amarela pequena, picada
- Uma pitada de pimenta preta
- ½ pimentão verde picado
- ½ pimenta vermelha, picada
- 1 cenoura picada
- 1 c. de sopa de coentros picados

Endereços:
1. Aqueça uma panela com o azeite em fogo médio-alto, acrescente a cebola e os croquetes e frite por 5 minutos.
2. Adicione o pimentão e a cenoura, mexa e cozinhe por mais 5 minutos.
3. Adicione o ovo, a pimenta-do-reino e o queijo, mexa e cozinhe por mais 10 minutos.
4. Adicione o coentro, mexa, cozinhe por mais alguns segundos, divida tudo em pratos e sirva no café da manhã.

Nutrição:calorias 277, gordura 17,5, fibra 2,7, carboidratos 19,9, proteína 11

Risoto de Cebolinha e Bacon

Tempo de preparo: 10 minutos.
Tempo de preparo: 25 minutos.
Porções: 4

Ingredientes:
- 3 fatias de bacon, baixo teor de sódio, picado
- 1 colher de sopa de óleo de abacate
- 1 xícara de arroz branco
- 1 cebola roxa, picada
- 2 xícaras de caldo de galinha com baixo teor de sódio
- 2 colheres de sopa de parmesão magro ralado
- 1 colher de cebolinha picada
- Uma pitada de pimenta preta

Endereços:
1. Aqueça uma frigideira com o azeite em fogo médio-alto, acrescente a cebola e o bacon, mexa e frite por 5 minutos.
2. Adicione o arroz e os demais ingredientes, misture, deixe ferver e cozinhe em fogo médio por 20 minutos.
3. Mexa a mistura, divida em tigelas e sirva no café da manhã.

Nutrição: calorias 271, gordura 7,2, fibra 1,4, carboidratos 40, proteína 9,9

Quinoa com canela, pistache

Tempo de preparo: 5 minutos.
Tempo de preparo: 10 minutos.
Porções: 4

Ingredientes:
- 1 xícara e meia de água
- 1 colher de chá de canela em pó
- 1 e ½ xícaras de quinua
- 1 xícara de leite de amêndoa
- 1 colher de açúcar de coco
- ¼ xícara de pistache picado

Endereços:
1. Coloque a água e o leite de amêndoa em uma panela, leve ao fogo médio, acrescente a quinoa e os demais ingredientes, bata, cozinhe por 10 minutos, divida em tigelas, deixe esfriar e sirva no café da manhã.

Nutrição: calorias 222, gordura 16,7, fibra 2,5, carboidratos 16,3, proteína 3,9

Mistura de iogurte de cereja

Tempo de preparo: 10 minutos.
Tempo de preparação: 0 minutos.
Porções: 4

Ingredientes:
- 4 xícaras de iogurte sem gordura
- 1 xícara de cerejas, sem caroço e cortadas ao meio
- 4 colheres de açúcar de coco
- ½ colher de chá de extrato de baunilha

Endereços:
1. Em uma tigela, misture o iogurte com as cerejas, o açúcar e a baunilha, misture e guarde na geladeira por 10 minutos.
2. Divida em tigelas e sirva o café da manhã.

Nutrição: calorias 145, gordura 0, fibra 0,1, carboidratos 29, proteína 2,3

Mistura de guarnição e coco

Tempo de preparo: 10 minutos.
Tempo de preparo: 15 minutos.
Porções: 4

Ingredientes:
- 4 ameixas sem caroço e cortadas ao meio
- 3 colheres de óleo de coco derretido
- ½ colher de chá de canela em pó
- 1 xícara de creme de coco
- ¼ xícara de coco sem açúcar, ralado
- 2 colheres de sopa de sementes de girassol torradas

Endereços:
1. Combine as ameixas com óleo, canela e os ingredientes restantes em uma assadeira, coloque no forno e asse a 380 graus F por 15 minutos.
2. Divida tudo em tigelas e sirva.

Nutrição: calorias 282, gordura 27,1, fibra 2,8, carboidratos 12,4, proteína 2,3

iogurte de maçã

Tempo de preparo: 10 minutos.
Tempo de preparação: 0 minutos.
Porções: 4

Ingredientes:
- 6 maçãs sem caroço e amassadas
- 1 xícara de suco natural de maçã
- 2 colheres de açúcar de coco
- 2 xícaras de iogurte sem gordura
- 1 colher de chá de canela em pó

Endereços:
1. Misture as maçãs com o suco de maçã e os demais ingredientes em uma tigela, mexa, divida em tigelas e leve à geladeira por 10 minutos antes de servir.

Nutrição: calorias 289, gordura 0,6, fibra 8,7, carboidratos 68,5, proteína 3,9

Tigelas de Aveia com Morango

Tempo de preparo: 10 minutos.
Tempo de preparo: 20 minutos.
Porções: 4

Ingredientes:
- 1 e ½ dl de aveia sem glúten
- 2 e ¼ xícaras de leite de amêndoa
- ½ colher de chá de extrato de baunilha
- 2 xícaras de morangos fatiados
- 2 colheres de açúcar de coco

Endereços:
1. Coloque o leite em uma panela, leve ao fogo médio, acrescente a aveia e os demais ingredientes, mexa, cozinhe por 20 minutos, divida em tigelas e sirva no café da manhã.

Nutrição: calorias 216, gordura 1,5, fibra 3,4, carboidratos 39,5, proteína 10,4

Maple blend de pêssego

Tempo de preparo: 10 minutos.
Tempo de preparo: 15 minutos.
Porções: 4

Ingredientes:
- 4 pêssegos sem caroço e cortados em cubos
- ¼ xícara de xarope de bordo
- ¼ colher de chá de extrato de amêndoa
- ½ xícara de leite de amêndoa

Endereços:
1. Coloque o leite de amêndoa em uma panela, leve ao fogo médio, acrescente os pêssegos e os demais ingredientes, misture, cozinhe por 15 minutos, divida em tigelas e sirva no café da manhã.

Nutrição: calorias 180, gordura 7,6, fibra 3, carboidratos 28,9, proteína 2,1

Arroz com canela e tâmaras

Tempo de preparo: 10 minutos.
Tempo de preparo: 20 minutos.
Porções: 4

Ingredientes:
- 1 xícara de arroz branco
- 2 xícaras de leite de amêndoa
- 4 tâmaras picadas
- 2 colheres de sopa de canela em pó
- 2 colheres de açúcar de coco

Endereços:
1. Misture o arroz com o leite e os demais ingredientes em uma panela, leve ao fogo médio e cozinhe por 20 minutos.
2. Mexa a mistura novamente, divida em tigelas e sirva no café da manhã.

Nutrição: calorias 516, gordura 29, fibra 3,9, carboidratos 59,4, proteína 6,8

Iogurte de figo, pêra e romã

Tempo de preparo: 10 minutos.
Tempo de preparação: 0 minutos.
Porções: 4

Ingredientes:
- 1 xícara de figos cortados ao meio
- 1 pêra, sem caroço e em cubos
- ½ xícara de sementes de romã
- ½ xícara de açúcar de coco
- 2 xícaras de iogurte sem gordura

Endereços:
1. Numa tigela, junte os figos com o iogurte e os restantes ingredientes, misture, divida em taças e sirva ao pequeno-almoço.

Nutrição: calorias 223, gordura 0,5, fibra 6,1, carboidratos 52, proteína 4,5

Mingau de Noz-moscada e Morango

Tempo de preparo: 10 minutos.
Tempo de preparo: 20 minutos.
Porções: 4

Ingredientes:
- 4 xícaras de leite de coco
- 1 xícara de fubá
- 1 colher de chá de extrato de baunilha
- 1 xícara de morangos cortados ao meio
- ½ colher de chá de noz-moscada moída

Endereços:
1. Coloque o leite em uma panela, leve ao fogo médio, acrescente o fubá e os demais ingredientes, misture, cozinhe por 20 minutos e retire do fogo.
2. Divida o mingau entre os pratos e sirva no café da manhã.

Nutrição: calorias 678, gordura 58,5, fibra 8,3, carboidratos 39,8, proteína 8,2

Arroz cremoso e frutas vermelhas

Tempo de preparo: 10 minutos.
Tempo de preparo: 20 minutos.
Porções: 4

Ingredientes:
- 1 xícara de arroz integral
- 2 xícaras de leite de coco
- 1 c. de sopa de canela em pó
- 1 xícara de amoras
- ½ xícara de creme de coco sem açúcar

Endereços:
1. Coloque o leite em uma panela, leve ao fogo médio, acrescente o arroz e os demais ingredientes, cozinhe por 20 minutos e divida em tigelas.
2. Sirva quente no café da manhã.

Nutrição: calorias 469, gordura 30,1, fibra 6,5, carboidratos 47,4, proteína 7

Arroz com baunilha e coco

Tempo de preparo: 10 minutos.
Tempo de preparo: 20 minutos.
Porções: 6

Ingredientes:
- 2 xícaras de leite de coco
- 1 xícara de arroz basmati
- 2 colheres de açúcar de coco
- ¾ xícara de creme de coco
- 1 colher de chá de extrato de baunilha

Endereços:
1. Em uma panela, misture o leite com o arroz e os demais ingredientes, mexa, leve ao fogo e cozinhe em fogo médio por 20 minutos.
2. Mexa a mistura novamente, divida em tigelas e sirva no café da manhã.

Nutrição: calorias 462, gordura 25,3, fibra 2,2, carboidratos 55,2, proteína 4,8

Arroz de coco e cerejas

Tempo de preparo: 10 minutos.
Tempo de preparo: 25 minutos.
Porções: 4

Ingredientes:
- 1 colher de coco ralado
- 2 colheres de açúcar de coco
- 1 xícara de arroz branco
- 2 xícaras de leite de coco
- ½ colher de chá de extrato de baunilha
- ¼ xícara de cerejas, sem caroço e cortadas ao meio
- spray para cozinhar

Endereços:
1. Coloque o leite em uma panela, acrescente o açúcar e o coco, mexa e deixe ferver em fogo médio.
2. Adicione o arroz e os demais ingredientes, cozinhe por 25 minutos, mexendo regularmente, divida em tigelas e sirva.

Nutrição: calorias 505, gordura 29,5, fibra 3,4, carboidratos 55,7, proteína 6,6

Mistura de arroz com gengibre

Tempo de preparo: 10 minutos.
Tempo de preparo: 25 minutos.
Porções: 4

Ingredientes:
- 1 xícara de arroz branco
- 2 xícaras de leite de amêndoa
- 1 colher de gengibre ralado
- 3 colheres de açúcar de coco
- 1 colher de chá de canela em pó

Endereços:
1. Coloque o leite em uma panela, leve ao fogo médio, acrescente o arroz e os demais ingredientes, mexa, cozinhe por 25 minutos, divida em tigelas e sirva.

Nutrição: calorias 449, gordura 29, fibra 3,4, carboidratos 44,6, proteína 6,2

ensopado de linguiça

Tempo de preparo: 10 minutos.
Tempo de preparo: 35 minutos.
Porções: 4

Ingredientes:
- 1 libra de batatas fritas
- 4 ovos batidos
- 1 cebola roxa, picada
- 1 pimentão picado
- 1 colher de sopa de azeite
- 6 onças de salsicha com baixo teor de sódio, picada
- ¼ colher de chá de pimenta em pó
- Uma pitada de pimenta preta

Endereços:
1. Aqueça um tacho com o azeite em lume médio, junte a cebola e o chouriço, mexa e deixe alourar durante 5 minutos.
2. Adicione o hash brown e todos os outros ingredientes, exceto o ovo e a pimenta, mexa e cozinhe por mais 5 minutos.
3. Despeje os ovos misturados com pimenta-do-reino sobre a mistura de linguiça, coloque a frigideira no forno e asse a 370 graus F por 25 minutos.
4. Divida a mistura entre os pratos e sirva no café da manhã.

Nutrição: calorias 527, gordura 31,3, fibra 3,8, carboidratos 51,2, proteína 13,3

Tigelas de arroz com cogumelos

Tempo de preparo: 10 minutos.
Tempo de preparo: 30 minutos.
Porções: 4

Ingredientes:
- 1 cebola roxa, picada
- 1 xícara de arroz branco
- 2 dentes de alho, picados
- 2 c. de sopa de azeite
- 2 xícaras de caldo de galinha com baixo teor de sódio
- 1 c. de sopa de coentros picados
- ½ xícara de queijo cheddar sem gordura, ralado
- ½ libra de cogumelos brancos, fatiados
- pimenta a gosto

Endereços:
1. Aqueça uma frigideira com o azeite em lume médio, junte a cebola, os alhos e os cogumelos, mexa e refogue durante 5-6 minutos.
2. Junte o arroz e os restantes ingredientes, deixe levantar fervura e cozinhe em lume médio durante 25 minutos, mexendo regularmente.
3. Divida a mistura de arroz em tigelas e sirva no café da manhã.

Nutrição: calorias 314, gordura 12,2, fibra 1,8, carboidratos 42,1, proteína 9,5

Ovos de tomate e espinafre

Tempo de preparo: 10 minutos.
Tempo de preparo: 20 minutos.
Porções: 4

Ingredientes:
- ½ xícara de leite desnatado
- pimenta preta a gosto
- 8 ovos, batidos
- 1 xícara de espinafre baby, picado
- 1 cebola amarela, picada
- 1 colher de sopa de azeite
- 1 xícara de tomate cereja em cubos
- ¼ xícara de queijo cheddar sem gordura, ralado

Endereços:
1. Aqueça uma panela com o azeite em fogo médio, acrescente a cebola, mexa e frite por 2-3 minutos.
2. Adicione o espinafre e o tomate, mexa e cozinhe por mais 2 minutos.
3. Adicione os ovos misturados com leite e pimenta preta e misture delicadamente.
4. Polvilhe o queijo cheddar por cima, coloque a assadeira no forno e asse a 390 graus F por 15 minutos.
5. Divida em pratos e sirva.

Nutrição: calorias 195, gordura 13, fibra 1,3, carboidratos 6,8, proteína 13,7

omelete de gergelim

Tempo de preparo: 5 minutos.
Tempo de preparo: 15 minutos.
Porções: 4

Ingredientes:
- 4 ovos batidos
- Uma pitada de pimenta preta
- 1 colher de sopa de azeite
- 1 colher de chá de gergelim
- 2 cebolinhas picadas
- 1 colher de chá de páprica doce
- 1 c. de sopa de coentros picados

Endereços:
1. Aqueça uma panela com o azeite em fogo médio, acrescente a cebolinha, mexa e frite por 2 minutos.
2. Adicione os ovos misturados com os demais ingredientes, mexa um pouco, espalhe a tortilha na panela e cozinhe por 7 minutos.
3. Vire, cozinhe a tortilla por mais 6 minutos, divida entre os pratos e sirva.

Nutrição: calorias 101, gordura 8,3, fibra 0,5, carboidratos 1,4, proteína 5,9

abobrinha aveia

Tempo de preparo: 5 minutos.
Tempo de preparo: 20 minutos.
Porções: 4

Ingredientes:
- 1 xícara de aveia cortada em aço
- 3 xícaras de leite de amêndoa
- 1 colher de sopa de manteiga desnatada
- 2 colheres de chá de canela em pó
- 1 colher de chá de tempero de torta de abóbora
- 1 xícara de abobrinha ralada

Endereços:
1. Aqueça uma panela com o leite em fogo médio, acrescente a aveia e os demais ingredientes, mexa, leve ao fogo e cozinhe por 20 minutos, mexendo de vez em quando.
2. Divida a farinha de aveia em tigelas e sirva no café da manhã.

Nutrição: calorias 508, gordura 44,5, fibra 6,7, carboidratos 27,2, proteína 7,5

Tigela de amêndoa e coco

Tempo de preparo: 5 minutos.
Tempo de preparo: 20 minutos.
Porções: 4

Ingredientes:
- 2 xícaras de leite de coco
- 1 xícara de coco ralado
- ½ xícara de xarope de bordo
- 1 xícara de passas
- 1 xícara de amêndoas
- ½ colher de chá de extrato de baunilha

Endereços:
1. Coloque o leite em uma panela, leve ao fogo médio, acrescente o coco e os demais ingredientes e cozinhe por 20 minutos, mexendo de vez em quando.
2. Divida a mistura em tigelas e sirva quente no café da manhã.

Nutrição: calorias 697, gordura 47,4, fibra 8,8, carboidratos 70, proteína 9,6

Salada quente de grão de bico

Tempo de preparo: 5 minutos.
Tempo de preparo: 15 minutos.
Porções: 4

Ingredientes:
- 2 dentes de alho, picados
- 2 tomates, em cubos
- 1 pepino, em cubos
- 2 chalotas picadas
- 2 xícaras de grão de bico enlatado, sem adição de sal, escorrido
- 1 colher de salsa picada
- 1/3 xícara de hortelã picada
- 1 abacate, sem caroço, descascado e picado
- 2 c. de sopa de azeite
- suco de 1 limão
- pimenta preta a gosto

Endereços:
1. Aqueça uma frigideira com o azeite em fogo médio, acrescente o alho e a cebolinha, mexa e frite por 2 minutos.
2. Adicione o grão-de-bico e os demais ingredientes, mexa, cozinhe por mais 13 minutos, divida em tigelas e sirva no café da manhã.

Nutrição: calorias 561, gordura 23,1, fibra 22,4, carboidratos 73,1, proteína 21,8

Pudim de cacau e milho

Tempo de preparo: 10 minutos.
Tempo de preparo: 30 minutos.
Porções: 4

Ingredientes:
- 14 onças de leite de coco
- 1 xícara de painço
- 1 colher de cacau em pó
- ½ colher de chá de extrato de baunilha

Endereços:
1. Coloque o leite em uma panela, leve ao fogo médio, acrescente o milho e os demais ingredientes e cozinhe por 30 minutos, mexendo regularmente.
2. Divida em tigelas e sirva no café da manhã.

Nutrição: calorias 422, gordura 25,9, fibra 6,8, carboidratos 42,7, proteína 8

pudim de chia

Tempo de preparo: 15 minutos.
Tempo de preparação: 0 minutos.
Porções: 4

Ingredientes:
- 2 xícaras de leite de amêndoa
- ½ xícara de sementes de chia
- 2 colheres de açúcar de coco
- Raspa de ½ limão ralado
- 1 colher de chá de extrato de baunilha
- ½ colher de chá de gengibre em pó

Endereços:
1. Junte as sementes de chia em uma tigela com o leite e os demais ingredientes, misture e deixe por 15 minutos antes de servir.

Nutrição: calorias 366, gordura 30,8, fibra 5,5, carboidratos 20,8, proteína 4,6

pudim de tapioca

Tempo de preparo: 2 horas.
Tempo de preparação: 0 minutos.
Porções: 4

Ingredientes:
- ½ xícara de pérolas de tapioca
- 2 xícaras de leite de coco morno
- 4 colheres de chá de açúcar de coco
- ½ colher de chá de canela em pó

Endereços:
1. Misture a tapioca em uma tigela com o leite morno e os demais ingredientes, mexa e deixe por 2 horas antes de servir.
2. Divida em tigelas pequenas e sirva no café da manhã.

Nutrição: calorias 439, gordura 28,6, fibra 2,8, carboidratos 42,5, proteína 3,8

hash cheddar

Tempo de preparo: 10 minutos.
Tempo de preparo: 25 minutos.
Porções: 4

Ingredientes:
- 1 libra de batatas fritas
- 1 colher de sopa de óleo de abacate
- 1/3 xícara de creme de coco
- 1 cebola amarela, picada
- 1 xícara de queijo cheddar sem gordura ralado
- pimenta preta a gosto
- 4 ovos batidos

Endereços:
1. Aqueça uma frigideira com o azeite em lume médio, junte os croquetes de batata e a cebola, mexa e refogue durante 5 minutos.
2. Adicione o restante dos ingredientes, exceto o queijo, mexa e cozinhe por mais 5 minutos.
3. Polvilhe o queijo por cima, coloque a assadeira no forno e asse a 390 graus F por 15 minutos.
4. Espalhe a mistura em pratos e sirva no café da manhã.

Nutrição: calorias 539, gordura 33,2, fibra 4,8, carboidratos 44,4, proteína 16,8

salada de ervilha

Tempo de preparo: 10 minutos.
Tempo de preparo: 20 minutos.
Porções: 4

Ingredientes:
- 3 dentes de alho, picados
- 1 cebola amarela, picada
- 1 colher de sopa de azeite
- 1 cenoura picada
- 1 colher de vinagre balsâmico
- 2 xícaras de ervilhas, cortadas ao meio
- ½ xícara de caldo de legumes, sem adição de sal
- 2 colheres de cebolinha picada
- 1 c. de sopa de coentros picados

Endereços:
1. Aqueça uma panela com o azeite em fogo médio, acrescente a cebola e o alho, mexa e frite por 5 minutos.
2. Adicione as ervilhas e os demais ingredientes, misture e cozinhe em fogo médio por 15 minutos.
3. Divida a mistura em tigelas e sirva quente no café da manhã.

Nutrição: calorias 89, gordura 4,2, fibra 3,3, carboidratos 11,2, proteína 3,3

Quinoa e mix de grão de bico

Tempo de preparo: 10 minutos.
Tempo de preparo: 20 minutos.
Porções: 6

Ingredientes:
- 1 cebola roxa, picada
- 1 colher de sopa de azeite
- Grão-de-bico em lata de 15 onças, sem adição de sal, escorrido
- 14 onças de leite de coco
- ¼ xícara de quinua
- 1 colher de gengibre ralado
- 2 dentes de alho, picados
- 1 colher de sopa de açafrão em pó
- 1 c. de sopa de coentros picados

Endereços:
1. Aqueça uma panela com o azeite em fogo médio, acrescente a cebola, mexa e frite por 5 minutos.
2. Adicione o grão-de-bico, a quinoa e os demais ingredientes, mexa, leve ao fogo e cozinhe por 15 minutos.
3. Divida a mistura em tigelas e sirva no café da manhã.

Nutrição: calorias 472, gordura 23, fibra 15,1, carboidratos 54,6, proteína 16,6

Salada de Azeitona e Pimenta

Tempo de preparo: 5 minutos.
Tempo de preparo: 15 minutos.
Porções: 4

Ingredientes:
- 1 xícara de azeitonas pretas sem caroço e cortadas ao meio
- ½ xícara de azeitonas verdes, sem caroço e cortadas ao meio
- 1 colher de sopa de azeite
- 2 cebolinhas picadas
- 1 pimentão vermelho cortado em tiras
- 1 pimentão verde, cortado em tiras
- Casca de 1 lima ralada
- suco de 1 limão
- 1 maço de salsinha picada
- 1 tomate picado

Endereços:
1. Aqueça uma panela com o azeite em fogo médio, acrescente a cebolinha, mexa e frite por 2 minutos.
2. Adicione as azeitonas, o pimentão e o restante dos ingredientes, mexa e cozinhe por mais 13 minutos.
3. Divida em tigelas e sirva no café da manhã.

Nutrição: calorias 192, gordura 6,7, fibra 3,3, carboidratos 9,3, proteína 3,5

Mistura de feijão verde e ovos

Tempo de preparo: 10 minutos.
Tempo de preparo: 15 minutos.
Porções: 4

Ingredientes:
- 1 dente de alho picado
- 1 cebola roxa, picada
- 1 colher de sopa de óleo de abacate
- 1 libra de feijão verde, aparado e cortado ao meio
- 8 ovos, batidos
- 1 c. de sopa de coentros picados
- Uma pitada de pimenta preta

Endereços:
1. Aqueça uma panela com o azeite em fogo médio, acrescente a cebola e o alho e frite por 2 minutos.
2. Adicione o feijão verde e cozinhe por mais 2 minutos.
3. Adicione os ovos, pimenta-do-reino e coentro, misture, espalhe na panela e cozinhe por 10 minutos.
4. Divida a mistura entre os pratos e sirva.

Nutrição: calorias 260, gordura 12,1, fibra 4,7, carboidratos 19,4, proteína 3,6

Salada de cenoura e ovo

Tempo de preparo: 10 minutos.
Tempo de preparação: 0 minutos.
Porções: 4

Ingredientes:
- 2 cenouras em cubos
- 2 cebolas verdes picadas
- 1 maço de salsinha picada
- 2 c. de sopa de azeite
- 4 ovos cozidos, descascados e picados
- 1 colher de vinagre balsâmico
- 1 colher de cebolinha picada
- Uma pitada de pimenta preta

Endereços:
1. Em uma tigela, misture as cenouras com os ovos e o restante dos ingredientes, misture e sirva no café da manhã.

Nutrição: calorias 251, gordura 9,6, fibra 4,1, carboidratos 15,2, proteína 3,5

bagas cremosas

Tempo de preparo: 5 minutos.
Tempo de preparo: 15 minutos.
Porções: 4

Ingredientes:
- 3 colheres de açúcar de coco
- 1 xícara de creme de coco
- 1 xícara de mirtilos
- 1 xícara de amoras
- 1 xícara de morangos
- 1 colher de chá de extrato de baunilha

Endereços:
1. Coloque o creme de leite em uma panela, leve ao fogo médio, acrescente o açúcar e os demais ingredientes, mexa, cozinhe por 15 minutos, divida em tigelas e sirva no café da manhã.

Nutrição: calorias 460, gordura 16,7, fibra 6,5, carboidratos 40,3, proteína 5,7

Ensopado de carne moída e tomate

Tempo de preparo: 10 minutos.
Tempo de preparo: 20 minutos.
Porções: 4

Ingredientes:
- 1 libra de carne moída
- 1 cebola roxa, picada
- 1 colher de sopa de azeite
- 1 xícara de tomate cereja, cortado ao meio
- ½ pimenta vermelha, picada
- pimenta preta a gosto
- 1 colher de cebolinha picada
- 1 colher de sopa de alecrim picado
- 3 colheres de sopa de caldo de carne com baixo teor de sódio

Endereços:
1. Aqueça uma panela com o azeite em fogo médio, acrescente a cebola e o pimentão, mexa e frite por 5 minutos.
2. Adicione a carne, mexa e refogue por mais 5 minutos.
3. Adicione o restante dos ingredientes, misture, cozinhe por 10 minutos, divida em tigelas e sirva no almoço.

Nutrição: calorias 320, gordura 11,3, fibra 4,4, carboidratos 18,4, proteína 9

Salada de camarão e abacate

Tempo de preparo: 5 minutos.
Tempo de preparação: 0 minutos.
Porções: 4

Ingredientes:
- 1 laranja, descascada e cortada em cubos
- 1 libra de camarão, cozido, descascado e eviscerado
- 2 xícaras de rúcula baby
- 1 abacate, sem caroço, descascado e picado
- 2 c. de sopa de azeite
- 2 colheres de vinagre balsâmico
- Sumo de ½ laranja
- sal e pimenta preta

Endereços:
1. Numa saladeira, misture e junte os camarões com as laranjas e os demais ingredientes, misture e sirva no almoço.

Nutrição: calorias 300, gordura 5,2, fibra 2, carboidratos 11,4, proteína 6,7

creme de brócolis

Tempo de preparo: 10 minutos.
Tempo de preparo: 40 minutos.
Porções: 4

Ingredientes:
- 2 libras de floretes de brócolis
- 1 cebola amarela, picada
- 1 colher de sopa de azeite
- pimenta preta a gosto
- 2 dentes de alho, picados
- 3 xícaras de caldo de carne com baixo teor de sódio
- 1 xícara de leite de coco
- 2 colheres de coentro picado

Endereços:
1. Aqueça uma panela com o azeite em fogo médio, acrescente a cebola e o alho, mexa e frite por 5 minutos.
2. Adicione o brócolis e os demais ingredientes, exceto o leite de coco, deixe ferver e cozinhe em fogo médio por mais 35 minutos.
3. Bata a sopa no liquidificador, acrescente o leite de coco, bata novamente, divida em tigelas e sirva.

Nutrição: calorias 330, gordura 11,2, fibra 9,1, carboidratos 16,4, proteína 9,7

Sopa de repolho

Tempo de preparo: 10 minutos.
Tempo de preparo: 40 minutos.
Porções: 4

Ingredientes:
- 1 couve grande, desfiada
- 1 cebola amarela, picada
- 1 colher de sopa de azeite
- pimenta preta a gosto
- 1 alho-poró picado
- 2 xícaras de tomate enlatado com baixo teor de sódio
- 4 xícaras de caldo de galinha com baixo teor de sódio
- 1 c. de sopa de coentros picados

Endereços:
1. Aqueça uma panela com o azeite em fogo médio, acrescente a cebola e o alho-poró, mexa e frite por 5 minutos.
2. Adicione o repolho e o restante dos ingredientes, exceto o coentro, deixe ferver e cozinhe em fogo médio por 35 minutos.
3. Distribua a sopa em tigelas, polvilhe com coentro e sirva.

Nutrição: calorias 340, gordura 11,7, fibra 6, carboidratos 25,8, proteína 11,8

Sopa de aipo e couve-flor

Tempo de preparo: 10 minutos.
Tempo de preparo: 40 minutos.
Porções: 4

Ingredientes:
- 2 libras de floretes de couve-flor
- 1 cebola roxa, picada
- 1 colher de sopa de azeite
- 1 xícara de purê de tomate
- pimenta preta a gosto
- 1 xícara de aipo picado
- 6 xícaras de caldo de galinha com baixo teor de sódio
- 1 colher de sopa de endro picado

Endereços:
4. Aqueça uma panela com o azeite em fogo médio-alto, acrescente a cebola e o aipo, mexa e refogue por 5 minutos.
5. Adicione a couve-flor e o restante dos ingredientes, deixe ferver e cozinhe em fogo médio por mais 35 minutos.
6. Divida a sopa em tigelas e sirva.

Nutrição: calorias 135, gordura 4, fibra 8, carboidratos 21,4, proteína 7,7

Sopa de alho-poró e carne de porco

Tempo de preparo: 10 minutos.
Tempo de preparo: 40 minutos.
Porções: 4

Ingredientes:
- 1 libra de carne de porco desfiada, em cubos
- pimenta preta a gosto
- 5 alhos-porós picados
- 1 cebola amarela, picada
- 2 c. de sopa de azeite
- 1 colher de salsa picada
- 6 xícaras de caldo de carne com baixo teor de sódio

Endereços:
4. Aqueça uma panela com o azeite em fogo médio-alto, acrescente a cebola e o alho-poró, mexa e refogue por 5 minutos.
5. Adicione a carne, mexa e refogue por mais 5 minutos.
6. Adicione o restante dos ingredientes, deixe ferver e cozinhe em fogo médio por 30 minutos.
7. Distribua a sopa em tigelas e sirva.

Nutrição: calorias 395, gordura 18,3, fibra 2,6, carboidratos 18,4, proteína 38,2

Brócolis Camarão Salada De Hortelã

Tempo de preparo: 5 minutos.
Tempo de preparo: 20 minutos.
Porções: 4

Ingredientes:
- 1/3 xícara de caldo de legumes com baixo teor de sódio
- 2 c. de sopa de azeite
- 2 xícaras de floretes de brócolis
- 1 libra de camarão, descascado e eviscerado
- pimenta preta a gosto
- 1 cebola amarela, picada
- 4 tomates cereja cortados ao meio
- 2 dentes de alho, picados
- suco de ½ limão
- ½ xícara de azeitonas kalamata, sem caroço e cortadas ao meio
- 1 colher de sopa de hortelã picada

Endereços:
1. Aqueça uma panela com o azeite em fogo médio-alto, acrescente a cebola e o alho, mexa e frite por 3 minutos.
2. Adicione os camarões, mexa e cozinhe por mais 2 minutos.
3. Adicione o brócolis e os demais ingredientes, misture, cozinhe por 10 minutos, divida em tigelas e sirva no almoço.

Nutrição:calorias 270, gordura 11,3, fibra 4,1, carboidratos 14,3, proteína 28,9

Sopa de camarão e bacalhau

Tempo de preparo: 10 minutos.
Tempo de preparo: 20 minutos.
Porções: 4

Ingredientes:
- 1 litro de caldo de galinha com baixo teor de sódio
- ½ quilo de camarão, descascado e eviscerado
- ½ quilo de filés de bacalhau, sem osso, sem pele e em cubos
- 2 c. de sopa de azeite
- 2 colheres de chá de pimenta em pó
- 1 colher de chá de páprica doce
- 2 chalotas picadas
- Uma pitada de pimenta preta
- 1 colher de sopa de endro picado

Endereços:
1. Aqueça uma panela com o azeite em fogo médio, acrescente as chalotas, mexa e cozinhe por 5 minutos.
2. Adicione os camarões e o bacalhau e cozinhe por mais 5 minutos.
3. Adicione o restante dos ingredientes, deixe ferver e cozinhe em fogo médio por 10 minutos.
4. Divida a sopa em tigelas e sirva.

Nutrição: calorias 189, gordura 8,8, fibra 0,8, carboidratos 3,2, proteína 24,6

Mistura de camarões e cebolinha

Tempo de preparo: 10 minutos.
Tempo de preparo: 10 minutos.
Porções: 4

Ingredientes:
- 2 quilos de camarão, descascado e eviscerado
- 1 xícara de tomate cereja, cortado ao meio
- 1 colher de sopa de azeite
- 4 cebolinhas verdes picadas
- 1 colher de vinagre balsâmico
- 1 colher de cebolinha picada

Endereços:
1. Aqueça uma panela com o azeite em fogo médio, acrescente a cebola e os tomates cereja, mexa e frite por 4 minutos.
2. Adicione os camarões e os demais ingredientes, cozinhe por mais 6 minutos, divida pelos pratos e sirva.

Nutrição: calorias 313, gordura 7,5, fibra 1, carboidratos 6,4, proteína 52,4

o ensopado de espinafre

Tempo de preparo: 10 minutos.
Tempo de preparo: 15 minutos.
Porções: 4

Ingredientes:
- 1 colher de sopa de azeite
- 1 colher de chá de gengibre ralado
- 2 dentes de alho, picados
- 1 cebola amarela, picada
- 2 tomates picados
- 1 xícara de tomate enlatado, sem adição de sal
- 1 colher de chá de cominho, moído
- Uma pitada de pimenta preta
- 1 xícara de caldo de legumes com baixo teor de sódio
- 2 libras de folhas de espinafre

Endereços:
1. Aqueça uma panela com o azeite em fogo médio, acrescente o gengibre, o alho e a cebola, mexa e frite por 5 minutos.
2. Adicione os tomates, tomates enlatados e outros ingredientes, misture delicadamente, deixe ferver e cozinhe por mais 10 minutos.
3. Divida o ensopado entre as tigelas e sirva.

Nutrição: calorias 123, gordura 4,8, fibra 7,3, carboidratos 17, proteína 8,2

curry de couve-flor

Tempo de preparo: 10 minutos.
Tempo de preparo: 25 minutos.
Porções: 4

Ingredientes:
- 1 cebola roxa, picada
- 1 colher de sopa de azeite
- 2 dentes de alho, picados
- 1 pimenta vermelha, picada
- 1 pimentão verde picado
- 1 colher de sopa de suco de limão
- floretes de couve-flor de 1 libra
- 14 onças de tomates enlatados, picados
- 2 colheres de chá de caril em pó
- Uma pitada de pimenta preta
- 2 xícaras de creme de coco
- 1 c. de sopa de coentros picados

Endereços:
1. Aqueça uma panela com o azeite em fogo médio, acrescente a cebola e o alho, mexa e frite por 5 minutos.
2. Adicione o pimentão e os demais ingredientes, leve tudo ao fogo e cozinhe em fogo médio por 20 minutos.
3. Divida tudo em tigelas e sirva.

Nutrição: calorias 270, gordura 7,7, fibra 5,4, carboidratos 12,9, proteína 7

Ensopado de Cenoura e Abobrinha

Tempo de preparo: 10 minutos.
Tempo de preparo: 30 minutos.
Porções: 4

Ingredientes:
- 1 cebola amarela, picada
- 2 c. de sopa de azeite
- 2 dentes de alho, picados
- 4 abobrinhas fatiadas
- 2 cenouras fatiadas
- 1 colher de chá de páprica doce
- ¼ colher de chá de pimenta em pó
- Uma pitada de pimenta preta
- ½ xícara de tomate picado
- 2 xícaras de caldo de legumes com baixo teor de sódio
- 1 colher de cebolinha picada
- 1 colher de sopa de alecrim picado

Endereços:
1. Aqueça uma panela com o azeite em fogo médio, acrescente a cebola e o alho, mexa e frite por 5 minutos.
2. Adicione a abobrinha, a cenoura e os demais ingredientes, deixe ferver e cozinhe por mais 25 minutos.
3. Divida o ensopado entre as tigelas e sirva imediatamente no almoço.

Nutrição: calorias 272, gordura 4,6, fibra 4,7, carboidratos 14,9, proteína 9

Ensopado de Couve e Feijão Verde

Tempo de preparo: 10 minutos.
Tempo de preparo: 25 minutos.
Porções: 4

Ingredientes:
- 2 c. de sopa de azeite
- 1 repolho roxo, picado
- 1 cebola roxa, picada
- 1 libra de feijão verde, aparado e cortado ao meio
- 2 dentes de alho, picados
- 7 onças de tomates enlatados, picados sem adição de sal
- 2 xícaras de caldo de legumes com baixo teor de sódio
- Uma pitada de pimenta preta
- 1 colher de sopa de endro picado

Endereços:
1. Aqueça uma panela com o azeite em fogo médio, acrescente a cebola e o alho, mexa e frite por 5 minutos.
2. Adicione o repolho e os demais ingredientes, mexa, tampe e cozinhe em fogo médio por 20 minutos.
3. Divida em tigelas e sirva no almoço.

Nutrição: calorias 281, gordura 8,5, fibra 7,1, carboidratos 14,9, proteína 6,7

Sopa de Cogumelos

Tempo de preparo: 5 minutos.
Tempo de preparo: 30 minutos.
Porções: 4

Ingredientes:
- 1 cebola amarela, picada
- 1 colher de sopa de azeite
- 1 pimentão vermelho picado
- 1 colher de chá de pimenta em pó
- ½ colher de chá de páprica picante
- 4 dentes de alho, picados
- 1 libra de cogumelos brancos, fatiados
- 6 xícaras de caldo de legumes com baixo teor de sódio
- 1 xícara de tomate picado
- ½ colher de sopa de salsinha picada

Endereços:
1. Aqueça uma panela com o azeite em fogo médio, acrescente a cebola, a pimenta malagueta, a páprica picante, a pimenta malagueta e o alho, mexa e refogue por 5 minutos.
2. Adicione os cogumelos, mexa e cozinhe por mais 5 minutos.
3. Adicione o restante dos ingredientes, deixe ferver e cozinhe em fogo médio por 20 minutos.
4. Divida a sopa em tigelas e sirva.

Nutrição: calorias 290, gordura 6,6, fibra 4,6, carboidratos 16,9, proteína 10

carne de porco com pimenta

Tempo de preparo: 10 minutos.
Tempo de preparo: 30 minutos.
Porções: 4

Ingredientes:
- 2 libras de carne de porco assada em cubos
- 2 colheres de sopa de pasta de pimentão
- 1 cebola amarela, picada
- 2 dentes de alho, picados
- 1 colher de sopa de azeite
- 2 xícaras de caldo de carne com baixo teor de sódio
- 1 colher de sopa de orégano picado

Endereços:
1. Aqueça uma panela com o azeite, em fogo médio-alto, acrescente a cebola e o alho, mexa e refogue por 5 minutos.
2. Adicione a carne e doure por mais 5 minutos.
3. Adicione o restante dos ingredientes, deixe ferver e cozinhe em fogo médio por mais 20 minutos.
4. Divida a mistura em tigelas e sirva.

Nutrição: calorias 363, gordura 8,6, fibra 7, carboidratos 17,3, proteína 18,4

Salada de cogumelos com páprica e salmão

Tempo de preparo: 10 minutos.
Tempo de preparo: 20 minutos.
Porções: 4

Ingredientes:
- 10 onças de salmão defumado, baixo teor de sódio, desossado, sem pele, em cubos
- 2 cebolas verdes picadas
- 2 pimentões vermelhos, picados
- 1 colher de sopa de azeite
- ½ colher de chá de orégano seco
- ½ colher de chá de páprica defumada
- Uma pitada de pimenta preta
- 8 onças de cogumelos brancos, fatiados
- 1 colher de sopa de suco de limão
- 1 xícara de azeitonas pretas sem caroço e cortadas ao meio
- 1 colher de salsa picada

Endereços:
1. Aqueça uma frigideira com o azeite em fogo médio, acrescente a cebola e a pimenta, mexa e frite por 4 minutos.
2. Adicione os cogumelos, mexa e cozinhe por 5 minutos.
3. Adicione o salmão e os demais ingredientes, mexa, cozinhe por mais 10 minutos, divida em tigelas e sirva no almoço.

Nutrição: calorias 321, gordura 8,5, fibra 8, carboidratos 22,2, proteína 13,5

Mistura de grão de bico e batata

Tempo de preparo: 10 minutos.
Tempo de preparo: 30 minutos.
Porções: 4

Ingredientes:
- 2 c. de sopa de azeite
- 1 xícara de grão de bico enlatado, sem adição de sal, escorrido e enxaguado
- 1 libra de batata-doce descascada e cortada em cubos
- 4 dentes de alho, picados
- 2 chalotas picadas
- 1 xícara de tomate em conserva, sem sal e picado
- 1 colher de chá de coentro moído
- 2 tomates picados
- 1 xícara de caldo de legumes com baixo teor de sódio
- Uma pitada de pimenta preta
- 1 colher de sopa de suco de limão
- 1 c. de sopa de coentros picados

Endereços:
1. Aqueça uma panela com o azeite em fogo médio, acrescente as chalotas e o alho, mexa e refogue por 5 minutos.
2. Adicione o grão-de-bico, as batatas e os demais ingredientes, deixe ferver e cozinhe em fogo médio por 25 minutos.
3. Divida tudo em tigelas e sirva no almoço.

Nutrição:calorias 341, gordura 11,7, fibra 6, carboidratos 14,9, proteína 18,7

Cardamomo Mix de Frango

Tempo de preparo: 10 minutos.
Tempo de preparo: 30 minutos.
Porções: 4

Ingredientes:
- 1 colher de sopa de azeite
- 1 quilo de peito de frango, sem pele, sem osso e em cubos
- 1 chalota picada
- 1 colher de gengibre ralado
- 2 dentes de alho, picados
- 1 colher de chá de cardamomo, moído
- ½ colher de chá de açafrão em pó
- 1 colher de chá de suco de limão
- 1 xícara de caldo de galinha com baixo teor de sódio
- 1 c. de sopa de coentros picados

Endereços:
1. Aqueça uma panela com o azeite em fogo médio-alto, acrescente as chalotas, o gengibre, o alho, o cardamomo e o açafrão, mexa e cozinhe por 5 minutos.
2. Adicione a carne e doure por 5 minutos.
3. Adicione o restante dos ingredientes, leve tudo para ferver e cozinhe por 20 minutos.
4. Divida a mistura em tigelas e sirva.

Nutrição: calorias 175, gordura 6,5, fibra 0,5, carboidratos 3,3, proteína 24,7

pimenta lentilha

Tempo de preparo: 10 minutos.
Tempo de preparo: 35 minutos.
Porções: 6

Ingredientes:
- 1 pimentão verde picado
- 1 colher de sopa de azeite
- 2 cebolinhas picadas
- 2 dentes de alho, picados
- Lata de 24 onças de lentilhas, sem adição de sal, escorrida e enxaguada
- 2 xícaras de caldo de legumes
- 2 colheres de sopa de pimenta em pó, lisa
- ½ colher de chá de chipotle em pó
- 30 onças de tomate enlatado, sem adição de sal, picado
- Uma pitada de pimenta preta

Endereços:
1. Aqueça uma panela com o azeite em fogo médio, acrescente a cebola e o alho, mexa e frite por 5 minutos.
2. Adicione os pimentões, as lentilhas e outros ingredientes, deixe ferver e cozinhe em fogo médio por 30 minutos.
3. Divida o pimentão em tigelas e sirva no almoço.

Nutrição: calorias 466, gordura 5, fibra 37,6, carboidratos 77,9, proteína 31,2

endívia de alecrim

Tempo de preparo: 10 minutos.
Tempo de preparo: 20 minutos.
Porções: 4

Ingredientes:
- 2 endívias cortadas ao meio no sentido do comprimento
- 2 c. de sopa de azeite
- 1 colher de chá de alecrim seco
- ½ colher de chá de açafrão em pó
- Uma pitada de pimenta preta

Endereços:
1. Em uma assadeira, misture as endívias com o óleo e os ingredientes restantes, misture delicadamente, coloque no forno e asse a 400 graus F por 20 minutos.
2. Divida entre os pratos e sirva como acompanhamento.

Nutrição: calorias 66, gordura 7,1, fibra 1, carboidratos 1,2, proteína 0,3

limão divy

Tempo de preparo: 10 minutos.
Tempo de preparo: 20 minutos.
Porções: 4

Ingredientes:
- 4 endívias, cortadas ao meio no sentido do comprimento
- 1 colher de sopa de suco de limão
- 1 colher de sopa de casca de limão ralada
- 2 colheres de sopa de parmesão sem gordura ralado
- 2 c. de sopa de azeite
- Uma pitada de pimenta preta

Endereços:
1. Em uma assadeira, adicione as endívias com suco de limão e todos os outros ingredientes, exceto o parmesão e misture.
2. Polvilhe parmesão por cima, asse a endívia a 400 graus F por 20 minutos, divida entre os pratos e sirva como acompanhamento.

Nutrição: calorias 71, gordura 7,1, fibra 0,9, carboidratos 2,3, proteína 0,9

espargos com pesto

Tempo de preparo: 10 minutos.
Tempo de preparo: 20 minutos.
Porções: 4

Ingredientes:
- 1 libra de aspargos picados
- 2 colheres de pesto de manjericão
- 1 colher de sopa de suco de limão
- Uma pitada de pimenta preta
- 3 c. de sopa de azeite
- 2 colheres de coentro picado

Endereços:
1. Disponha os aspargos em uma assadeira forrada, adicione o pesto e outros ingredientes, misture, coloque no forno e cozinhe a 400 graus F por 20 minutos.
2. Divida entre os pratos e sirva como acompanhamento.

Nutrição: calorias 114, gordura 10,7, fibra 2,4, carboidratos 4,6, proteína 2,6

Cenouras com páprica

Tempo de preparo: 10 minutos.
Tempo de preparo: 30 minutos.
Porções: 4

Ingredientes:
- 1 libra de cenoura baby, picada
- 1 colher de sopa de páprica doce
- 1 colher de chá de suco de limão
- 3 c. de sopa de azeite
- Uma pitada de pimenta preta
- 1 colher de chá de gergelim

Endereços:
1. Coloque as cenouras na assadeira forrada, adicione a páprica e todos os outros ingredientes, exceto as sementes de gergelim, misture, coloque no forno e asse a 400 graus F por 30 minutos.
2. Divida as cenouras entre os pratos, polvilhe as sementes de gergelim por cima e sirva como acompanhamento.

Nutrição: calorias 142, gordura 11,3, fibra 4,1, carboidratos 11,4, proteína 1,2

Caçarola de batata cremosa

Tempo de preparo: 10 minutos.
Tempo de preparo: 1 hora.
Porções: 8

Ingredientes:
- 1 libra de batatas douradas, descascadas e cortadas em cubos
- 2 c. de sopa de azeite
- 1 cebola roxa, picada
- 2 dentes de alho, picados
- 2 xícaras de creme de coco
- 1 colher de sopa de tomilho picado
- ¼ colher de chá de noz-moscada moída
- ½ xícara de parmesão magro ralado

Endereços:
1. Aqueça uma panela com o azeite em fogo médio, acrescente a cebola e o alho e frite por 5 minutos.
2. Adicione as batatas e doure-as por mais 5 minutos.
3. Junte as natas e os restantes ingredientes, mexa delicadamente, deixe levantar fervura e cozinhe em lume médio por mais 40 minutos.
4. Divida a mistura entre os pratos e sirva como acompanhamento.

Nutrição: calorias 230, gordura 19,1, fibra 3,3, carboidratos 14,3, proteína 3,6

repolho gergelim

Tempo de preparo: 10 minutos.
Tempo de preparo: 20 minutos.
Porções: 4

Ingredientes:
- 1 libra de couve, desfiada
- 2 c. de sopa de azeite
- Uma pitada de pimenta preta
- 1 chalota picada
- 2 dentes de alho, picados
- 2 colheres de vinagre balsâmico
- 2 colheres de chá de páprica picante
- 1 colher de chá de gergelim

Endereços:
1. Aqueça uma frigideira com o azeite em fogo médio, acrescente as chalotas e o alho e frite por 5 minutos.
2. Adicione a couve e os demais ingredientes, mexa, cozinhe em fogo médio por 15 minutos, divida pelos pratos e sirva.

Nutrição: calorias 101, gordura 7,6, fibra 3,4, carboidratos 84, proteína 1,9

brócolis com coentro

Tempo de preparo: 10 minutos.
Tempo de preparo: 30 minutos.
Porções: 4

Ingredientes:
- 2 c. de sopa de azeite
- floretes de brócolis de 1 libra
- 2 dentes de alho, picados
- 2 colheres de sopa de molho de pimenta
- 1 colher de sopa de suco de limão
- Uma pitada de pimenta preta
- 2 colheres de coentro picado

Endereços:
1. Em uma assadeira, misture o brócolis com o azeite, alho e demais ingredientes, misture um pouco, leve ao forno e asse a 400 graus F por 30 minutos.
2. Divida a mistura entre os pratos e sirva como acompanhamento.

Nutrição: calorias 103, gordura 7,4, fibra 3, carboidratos 8,3, proteína 3,4

Couve de Bruxelas com pimenta

Tempo de preparo: 10 minutos.
Tempo de preparo: 25 minutos.
Porções: 4

Ingredientes:
- 1 colher de sopa de azeite
- 1 libra de couve de Bruxelas, aparada e cortada ao meio
- 2 dentes de alho, picados
- ½ xícara de mussarela desnatada, ralada
- Uma pitada de flocos de pimenta, esmagados

Endereços:
1. Coloque as couves junto com o azeite e os demais ingredientes, exceto o queijo, em um refratário e misture.
2. Polvilhe o queijo por cima, coloque no forno e asse a 400 graus F por 25 minutos.
3. Divida entre os pratos e sirva como acompanhamento.

Nutrição: calorias 91, gordura 4,5, fibra 4,3, carboidratos 10,9, proteína 5

Couve de Bruxelas e mistura de cebola verde

Tempo de preparo: 10 minutos.
Tempo de preparo: 25 minutos.
Porções: 4

Ingredientes:
- 2 c. de sopa de azeite
- 1 libra de couve de Bruxelas, aparada e cortada ao meio
- 3 cebolinhas verdes picadas
- 2 dentes de alho, picados
- 1 colher de vinagre balsâmico
- 1 colher de sopa de páprica doce
- Uma pitada de pimenta preta

Endereços:
1. Em uma assadeira, misture as couves de Bruxelas com o óleo e outros ingredientes, misture e leve ao forno a 400 graus F por 25 minutos.
2. Divida a mistura entre os pratos e sirva.

Nutrição: calorias 121, gordura 7,6, fibra 5,2, carboidratos 12,7, proteína 4,4

purê de couve-flor

Tempo de preparo: 10 minutos.
Tempo de preparo: 25 minutos.
Porções: 4

Ingredientes:
- 2 libras de floretes de couve-flor
- ½ xícara de leite de coco
- Uma pitada de pimenta preta
- ½ xícara de creme azedo com baixo teor de gordura
- 1 c. de sopa de coentros picados
- 1 colher de cebolinha picada

Endereços:
1. Coloque a couve-flor em uma panela, acrescente água até cobrir, leve ao fogo médio, cozinhe por 25 minutos e escorra.
2. Amasse a couve-flor, acrescente o leite, a pimenta-do-reino e o creme de leite, bata bem, distribua pelos pratos, polvilhe o restante dos ingredientes e sirva.

Nutrição: calorias 188, gordura 13,4, fibra 6,4, carboidratos 15, proteína 6,1

salada de abacate

Tempo de preparo: 5 minutos.
Tempo de preparação: 0 minutos.
Porções: 4

Ingredientes:
- 2 c. de sopa de azeite
- 2 abacates, descascados, sem caroço e picados
- 1 xícara de azeitonas kalamata, sem caroço e cortadas ao meio
- 1 xícara de tomate picado
- 1 colher de gengibre ralado
- Uma pitada de pimenta preta
- 2 xícaras de rúcula baby
- 1 colher de vinagre balsâmico

Endereços:
1. Em uma tigela, misture os abacates com o kalamata e os demais ingredientes, misture e sirva como acompanhamento.

Nutrição: calorias 320, gordura 30,4, fibra 8,7, carboidratos 13,9, proteína 3

salada de rabanete

Tempo de preparo: 5 minutos.
Tempo de preparação: 0 minutos.
Porções: 4

Ingredientes:
- 2 cebolas verdes, fatiadas
- 1 libra de rabanetes em cubos
- 2 colheres de vinagre balsâmico
- 2 c. de sopa de azeite
- 1 colher de chá de pimenta em pó
- 1 xícara de azeitonas pretas sem caroço e cortadas ao meio
- Uma pitada de pimenta preta

Endereços:
1. Combine os rabanetes com as cebolas e os outros ingredientes em uma saladeira grande, misture e sirva como acompanhamento.

Nutrição: calorias 123, gordura 10,8, fibra 3,3, carboidratos 7, proteína 1,3

Salada de endívia com limão

Tempo de preparo: 5 minutos.
Tempo de preparação: 0 minutos.
Porções: 4

Ingredientes:
- 2 endívias raladas
- 1 colher de sopa de endro picado
- ¼ xícara de suco de limão
- ¼ xícara de azeite
- 2 xícaras de espinafre baby
- 2 tomates, em cubos
- 1 pepino fatiado
- ½ xícara de nozes picadas

Endereços:
1. Em uma tigela grande, misture a endívia com o espinafre e os demais ingredientes, misture e sirva como acompanhamento.

Nutrição: calorias 238, gordura 22,3, fibra 3,1, carboidratos 8,4, proteína 5,7

Mistura de azeitonas e milho

Tempo de preparo: 5 minutos.
Tempo de preparação: 0 minutos.
Porções: 4

Ingredientes:
- 2 c. de sopa de azeite
- 1 colher de vinagre balsâmico
- Uma pitada de pimenta preta
- 4 xícaras de milho
- 2 xícaras de azeitonas pretas sem caroço e cortadas ao meio
- 1 cebola roxa, picada
- ½ xícara de tomate cereja cortado ao meio
- 1 colher de sopa de manjericão picado
- 1 colher de jalapeño picado
- 2 xícaras de alface romana, desfiada

Endereços:
1. Misture o milho, as azeitonas, a alface e os demais ingredientes em uma tigela grande, misture bem, divida entre os pratos e sirva como acompanhamento.

Nutrição: calorias 290, gordura 16,1, fibra 7,4, carboidratos 37,6, proteína 6,2

Salada de Rúcula e Pinhão

Tempo de preparo: 5 minutos.
Tempo de preparação: 0 minutos.
Porções: 4

Ingredientes:
- ¼ xícara de sementes de romã
- 5 xícaras de rúcula baby
- 6 colheres de sopa de cebolinha verde picada
- 1 colher de vinagre balsâmico
- 2 c. de sopa de azeite
- 3 colheres de pinhões
- ½ chalota picada

Endereços:
1. Em uma saladeira, misture a rúcula com a romã e os demais ingredientes, misture e sirva.

Nutrição: calorias 120, gordura 11,6, fibra 0,9, carboidratos 4,2, proteína 1,8

amêndoas e espinafre

Tempo de preparo: 10 minutos.
Tempo de preparação: 0 minutos.
Porções: 4

Ingredientes:
- 2 c. de sopa de azeite
- 2 abacates, descascados, sem caroço e picados
- 3 xícaras de espinafre baby
- ¼ xícara de amêndoas, torradas e picadas
- 1 colher de sopa de suco de limão
- 1 c. de sopa de coentros picados

Endereços:
1. Numa tigela, junte os abacates com as amêndoas, os espinafres e os restantes ingredientes, misture e sirva como acompanhamento.

Nutrição: calorias 181, gordura 4, fibra 4,8, carboidratos 11,4, proteína 6

Feijão verde e salada de milho

Tempo de preparo: 4 minutos.
Tempo de preparação: 0 minutos.
Porções: 4

Ingredientes:
- suco de 1 limão
- 2 xícaras de alface romana, desfiada
- 1 xícara de milho
- ½ libra de feijão verde, escaldado e cortado ao meio
- 1 pepino picado
- 1/3 xícara de cebolinha picada

Endereços:
1. Em uma tigela, misture o feijão verde com o milho e os demais ingredientes, misture e sirva.

Nutrição: calorias 225, gordura 12, fibra 2,4, carboidratos 11,2, proteína 3,5

Salada de endívias e couve

Tempo de preparo: 4 minutos.
Tempo de preparação: 0 minutos.
Porções: 4

Ingredientes:
- 3 c. de sopa de azeite
- 2 endívias cortadas e raladas
- 2 colheres de sopa de suco de limão
- 1 colher de sopa de casca de lima ralada
- 1 cebola roxa fatiada
- 1 colher de vinagre balsâmico
- 1 libra de couve, desfiada
- Uma pitada de pimenta preta

Endereços:
1. Em uma tigela, misture a endívia com a couve e os demais ingredientes, misture bem e sirva frio como acompanhamento.

Nutrição: calorias 270, gordura 11,4, fibra 5, carboidratos 14,3, proteína 5,7

salada de edamame

Tempo de preparo: 5 minutos.
Tempo de preparo: 6 minutos.
Porções: 4

Ingredientes:
- 2 c. de sopa de azeite
- 2 colheres de vinagre balsâmico
- 2 dentes de alho, picados
- 3 xícaras de edamame, sem casca
- 1 colher de cebolinha picada
- 2 chalotas picadas

Endereços:
1. Aqueça uma frigideira com o azeite em fogo médio, acrescente o edamame, o alho e os demais ingredientes, mexa, frite por 6 minutos, divida em pratos e sirva.

Nutrição: calorias 270, gordura 8,4, fibra 5,3, carboidratos 11,4, proteína 6

Salada de uva e abacate

Tempo de preparo: 5 minutos.
Tempo de preparação: 0 minutos.
Porções: 4

Ingredientes:
- 2 xícaras de espinafre baby
- 2 abacates, descascados, sem caroço e picados
- 1 pepino fatiado
- 1 e ½ xícaras de uvas verdes, cortadas ao meio
- 2 c. de sopa de óleo de abacate
- 1 colher de sopa de vinagre de cidra
- 2 colheres de salsa picada
- Uma pitada de pimenta preta

Endereços:
1. Em uma saladeira, misture o espinafre baby com os abacates e os demais ingredientes, misture e sirva.

Nutrição: calorias 277, gordura 11,4, fibra 5, carboidratos 14,6, proteína 4

Mistura de berinjela com orégano

Tempo de preparo: 10 minutos.
Tempo de preparo: 20 minutos.
Porções: 4

Ingredientes:
- 2 berinjelas grandes cortadas em cubinhos
- 1 colher de sopa de orégano picado
- ½ xícara de parmesão magro ralado
- ¼ colher de chá de alho em pó
- 2 c. de sopa de azeite
- Uma pitada de pimenta preta

Endereços:
1. Em uma assadeira, junte as berinjelas com o orégano e os demais ingredientes menos o queijo e misture.
2. Polvilhe parmesão por cima, coloque no forno e asse a 370 graus F por 20 minutos.
3. Divida entre os pratos e sirva como acompanhamento.

Nutrição: calorias 248, gordura 8,4, fibra 4, carboidratos 14,3, proteína 5,4

Mistura de Tomate Assado

Tempo de preparo: 10 minutos.
Tempo de preparo: 20 minutos.
Porções: 4

Ingredientes:
- 2 quilos de tomates, cortados ao meio
- 1 colher de sopa de manjericão picado
- 3 c. de sopa de azeite
- Raspas de 1 limão ralado
- 3 dentes de alho, picados
- ¼ xícara de parmesão magro ralado
- Uma pitada de pimenta preta

Endereços:
1. Junte os tomates com o manjericão e os demais ingredientes, exceto o queijo, em um refratário e misture.
2. Polvilhe o parmesão por cima, leve ao forno a 375 graus F por 20 minutos, divida entre os pratos e sirva como acompanhamento.

Nutrição: calorias 224, gordura 12, fibra 4,3, carboidratos 10,8, proteína 5,1

cogumelos tomilho

Tempo de preparo: 10 minutos.
Tempo de preparo: 30 minutos.
Porções: 4

Ingredientes:
- 2 libras de cogumelos brancos, cortados ao meio
- 4 dentes de alho, picados
- 2 c. de sopa de azeite
- 1 colher de sopa de tomilho picado
- 2 colheres de salsa picada
- pimenta preta a gosto

Endereços:
1. Combine os cogumelos com alho e os outros ingredientes em uma assadeira, misture, leve ao forno e asse a 400 graus F por 30 minutos.
2. Divida entre os pratos e sirva como acompanhamento.

Nutrição: calorias 251, gordura 9,3, fibra 4, carboidratos 13,2, proteína 6

Espinafre e milho salteados

Tempo de preparo: 10 minutos.
Tempo de preparo: 15 minutos.
Porções: 4

Ingredientes:
- 1 xícara de milho
- 1 libra de folhas de espinafre
- 1 colher de chá de páprica doce
- 1 colher de sopa de azeite
- 1 cebola amarela, picada
- ½ xícara de manjericão, picado
- Uma pitada de pimenta preta
- ½ colher de chá de flocos de pimenta vermelha

Endereços:
1. Aqueça uma frigideira com o azeite em fogo médio-alto, acrescente a cebola, mexa e frite por 5 minutos.
2. Junte o milho, o espinafre e os demais ingredientes, mexa, cozinhe em fogo médio por mais 10 minutos, divida pelos pratos e sirva.

Nutrição: calorias 201, gordura 13,1, fibra 2,5, carboidratos 14,4, proteína 3,7

Milho e cebola refogados

Tempo de preparo: 10 minutos.
Tempo de preparo: 15 minutos.
Porções: 4

Ingredientes:
- 4 xícaras de milho
- 1 colher de sopa de óleo de abacate
- 2 chalotas picadas
- 1 colher de chá de pimenta em pó
- 2 colheres de sopa de extrato de tomate, sem adição de sal
- 3 cebolinhas picadas
- Uma pitada de pimenta preta

Endereços:
1. Aqueça uma frigideira com o azeite em fogo médio-alto, acrescente a cebolinha e a pimenta malagueta, mexa e frite por 5 minutos.
2. Adicione o milho e os demais ingredientes, mexa, cozinhe por mais 10 minutos, divida pelos pratos e sirva como acompanhamento.

Nutrição: calorias 259, gordura 11,1, fibra 2,6, carboidratos 13,2, proteína 3,5

salada de espinafre e manga

Tempo de preparo: 10 minutos.
Tempo de preparação: 0 minutos.
Porções: 4

Ingredientes:
- 1 xícara de manga, descascada e cortada em cubos
- 4 xícaras de espinafre baby
- 1 colher de sopa de azeite
- 2 cebolinhas picadas
- 1 colher de sopa de suco de limão
- 1 colher de sopa de alcaparras, escorridas, sem adição de sal
- 1/3 xícara de amêndoas picadas

Endereços:
1. Em uma tigela, misture o espinafre com a manga e os demais ingredientes, misture e sirva.

Nutrição: calorias 200, gordura 7,4, fibra 3, carboidratos 4,7, proteína 4,4

batata mostarda

Tempo de preparo: 5 minutos.
Tempo de preparo: 1 hora.
Porções: 4

Ingredientes:
- 1 libra de batatas douradas, descascadas e cortadas em cubos
- 2 c. de sopa de azeite
- Uma pitada de pimenta preta
- 2 colheres de alecrim picado
- 1 colher de sopa de mostarda dijon
- 2 dentes de alho, picados

Endereços:
1. Em uma assadeira, misture as batatas com o óleo e os demais ingredientes, misture, leve ao forno a 400 graus F e asse por aproximadamente 1 hora.
2. Divida entre os pratos e sirva imediatamente como acompanhamento.

Nutrição: calorias 237, gordura 11,5, fibra 6,4, carboidratos 14,2, proteína 9

Couve de Bruxelas de Coco

Tempo de preparo: 5 minutos.
Tempo de preparo: 30 minutos.
Porções: 4

Ingredientes:
- 1 libra de couve de Bruxelas, aparada e cortada ao meio
- 1 xícara de creme de coco
- 1 colher de sopa de azeite
- 2 chalotas picadas
- Uma pitada de pimenta preta
- ½ xícara de castanha de caju picada

Endereços:
1. Em uma assadeira, misture os brotos com o creme e o restante dos ingredientes, misture e leve ao forno por 30 minutos a 350 graus F.
2. Divida entre os pratos e sirva como acompanhamento.

Nutrição: calorias 270, gordura 6,5, fibra 5,3, carboidratos 15,9, proteína 3,4

cenouras salvas

Tempo de preparo: 10 minutos.
Tempo de preparo: 30 minutos.
Porções: 4

Ingredientes:
- 2 c. de sopa de azeite
- 2 colheres de chá de páprica doce
- 1 libra de cenouras, descascadas e cortadas em cubos
- 1 cebola roxa, picada
- 1 colher de sopa de salsa picada
- Uma pitada de pimenta preta

Endereços:
1. Em uma assadeira, misture as cenouras com óleo e outros ingredientes, misture e leve ao forno a 380 graus F por 30 minutos.
2. Divida em pratos e sirva.

Nutrição: calorias 200, gordura 8,7, fibra 2,5, carboidratos 7,9, proteína 4

Cogumelos com alho e milho

Tempo de preparo: 10 minutos.
Tempo de preparo: 20 minutos.
Porções: 4

Ingredientes:
- 1 libra de cogumelos brancos, cortados ao meio
- 2 xícaras de milho
- 2 c. de sopa de azeite
- 4 dentes de alho, picados
- 1 xícara de tomate enlatado, sem adição de sal, picado
- Uma pitada de pimenta preta
- ½ colher de chá de pimenta em pó

Endereços:
1. Aqueça uma panela com o azeite em fogo médio, acrescente os cogumelos, o alho e o milho, mexa e cozinhe por 10 minutos.
2. Adicione o restante dos ingredientes, mexa, cozinhe em fogo médio por mais 10 minutos, divida pelos pratos e sirva.

Nutrição: calorias 285, gordura 13, fibra 2,2, carboidratos 14,6, proteína 6,7.

Feijão verde com pesto

Tempo de preparo: 10 minutos.
Tempo de preparo: 15 minutos.
Porções: 4

Ingredientes:
- 2 colheres de pesto de manjericão
- 2 colheres de chá de páprica doce
- 1 libra de feijão verde, aparado e cortado ao meio
- suco de 1 limão
- 2 c. de sopa de azeite
- 1 cebola roxa fatiada
- Uma pitada de pimenta preta

Endereços:
1. Aqueça uma frigideira com o azeite em fogo médio-alto, acrescente a cebola, mexa e frite por 5 minutos.
2. Adicione o feijão e o restante dos ingredientes, mexa, cozinhe em fogo médio por 10 minutos, divida pelos pratos e sirva.

Nutrição: calorias 280, gordura 10, fibra 7,6, carboidratos 13,9, proteína 4,7

tomate estragão

Tempo de preparo: 5 minutos.
Tempo de preparação: 0 minutos.
Porções: 4

Ingredientes:
- 1 e ½ colher de sopa de azeite
- 1 libra de tomate, em cubos
- 1 colher de sopa de suco de limão
- 1 colher de sopa de casca de lima ralada
- 2 colheres de sopa de estragão picado
- Uma pitada de pimenta preta

Endereços:
1. Em uma tigela, junte os tomates com os demais ingredientes, misture e sirva como salada.

Nutrição: calorias 170, gordura 4, fibra 2,1, carboidratos 11,8, proteína 6

beterraba amêndoa

Tempo de preparo: 10 minutos.
Tempo de preparo: 30 minutos.
Porções: 4

Ingredientes:
- 4 beterrabas, descascadas e cortadas em cubos
- 3 c. de sopa de azeite
- 2 colheres de sopa de amêndoas picadas
- 2 colheres de vinagre balsâmico
- Uma pitada de pimenta preta
- 2 colheres de salsa picada

Endereços:
1. Em uma assadeira, misture a beterraba com o óleo e os ingredientes restantes, misture, coloque no forno e asse a 400 graus F por 30 minutos.
2. Divida a mistura entre os pratos e sirva.

Nutrição: calorias 230, gordura 11, fibra 4,2, carboidratos 7,3, proteína 3,6

Tomate menta e milho

Tempo de preparo: 5 minutos.
Tempo de preparação: 0 minutos.
Porções: 4

Ingredientes:
- 2 colheres de sopa de hortelã picada
- 1 libra de tomate, em cubos
- 2 xícaras de milho
- 2 c. de sopa de azeite
- 1 colher de sopa de vinagre de alecrim
- Uma pitada de pimenta preta

Endereços:
1. Em uma saladeira, junte os tomates com o milho e os demais ingredientes, misture e sirva.

Aproveitar!

Nutrição: calorias 230, gordura 7,2, fibra 2, carboidratos 11,6, proteína 4

Molho de abobrinha e abacate

Tempo de preparo: 5 minutos.
Tempo de preparo: 10 minutos.
Porções: 4

Ingredientes:
- 2 c. de sopa de azeite
- 2 abobrinhas em cubos
- 1 abacate, descascado, sem caroço e picado
- 2 tomates, em cubos
- 1 pepino em cubos
- 1 cebola amarela, picada
- 2 colheres de sopa de suco de limão fresco
- 2 colheres de coentro picado

Endereços:
1. Aqueça uma frigideira com o azeite em lume médio, junte as cebolas e as curgetes, mexa e refogue durante 5 minutos.
2. Adicione o restante dos ingredientes, misture, cozinhe por mais 5 minutos, divida em pratos e sirva.

Nutrição: calorias 290, gordura 11,2, fibra 6,1, carboidratos 14,7, proteína 5,6

Mistura de maçã e repolho

Tempo de preparo: 5 minutos.
Tempo de preparação: 0 minutos.
Porções: 4

Ingredientes:
- 2 maçãs verdes sem caroço e cortadas em cubos
- 1 repolho roxo, picado
- 2 colheres de vinagre balsâmico
- ½ colher de chá de sementes de cominho
- 2 c. de sopa de azeite
- pimenta preta a gosto

Endereços:
1. Em uma tigela, misture o repolho com as maçãs e os demais ingredientes, misture e sirva como salada.

Nutrição: calorias 165, gordura 7,4, fibra 7,3, carboidratos 26, proteína 2,6

beterraba assada

Tempo de preparo: 10 minutos.
Tempo de preparo: 30 minutos.
Porções: 4

Ingredientes:
- 4 beterrabas, descascadas e cortadas em cubos
- 2 c. de sopa de azeite
- 2 dentes de alho, picados
- Uma pitada de pimenta preta
- ¼ xícara de salsinha picada
- ¼ xícara de nozes picadas

Endereços:
1. Misture a beterraba com o óleo e os ingredientes restantes em um refratário, misture bem, leve ao forno a 420 graus F, asse por 30 minutos, divida entre os pratos e sirva como acompanhamento.

Nutrição: calorias 156, gordura 11,8, fibra 2,7, carboidratos 11,5, proteína 3,8

repolho de endro

Tempo de preparo: 10 minutos.
Tempo de preparo: 15 minutos.
Porções: 4

Ingredientes:
- 1 libra de couve, desfiada
- 1 cebola amarela, picada
- 1 tomate picado
- 1 colher de sopa de endro picado
- Uma pitada de pimenta preta
- 1 colher de sopa de azeite

Endereços:
1. Aqueça uma panela com o azeite em fogo médio, acrescente a cebola e frite por 5 minutos.
2. Adicione a couve e o restante dos ingredientes, mexa, cozinhe em fogo médio por 10 minutos, divida pelos pratos e sirva.

Nutrição: calorias 74, gordura 3,7, fibra 3,7, carboidratos 10,2, proteína 2,1

Salada de repolho e cenoura

Tempo de preparo: 5 minutos.
Tempo de preparação: 0 minutos.
Porções: 4

Ingredientes:
- 2 chalotas picadas
- 2 cenouras raladas
- 1 repolho roxo grande, picado
- 1 colher de sopa de azeite
- 1 colher de sopa de vinagre vermelho
- Uma pitada de pimenta preta
- 1 colher de sopa de suco de limão

Endereços:
1. Em uma tigela, misture o repolho com as chalotas e os demais ingredientes, misture e sirva como acompanhamento.

Nutrição: calorias 106, gordura 3,8, fibra 6,5, carboidratos 18, proteína 3,3

Molho de tomate e azeitonas

Tempo de preparo: 10 minutos.
Tempo de preparação: 0 minutos.
Porções: 6

Ingredientes:
- 1 libra de tomates cereja, cortados ao meio
- 2 c. de sopa de azeite
- 1 xícara de azeitonas kalamata, sem caroço e cortadas ao meio
- Uma pitada de pimenta preta
- 1 cebola roxa, picada
- 1 colher de vinagre balsâmico
- ¼ xícara de coentro picado

Endereços:
1. Em uma tigela, misture os tomates com as azeitonas e os demais ingredientes, misture e sirva como acompanhamento.

Nutrição: calorias 131, gordura 10,9, fibra 3,1, carboidratos 9,2, proteína 1,6

salada de abobrinha

Tempo de preparo: 4 minutos.
Tempo de preparação: 0 minutos.
Porções: 4

Ingredientes:
- 2 abobrinhas cortadas em espiral
- 1 cebola roxa fatiada
- 1 colher de pesto de manjericão
- 1 colher de sopa de suco de limão
- 1 colher de sopa de azeite
- ½ xícara de coentro picado
- pimenta preta a gosto

Endereços:
1. Numa saladeira, misture as abobrinhas com a cebola e os demais ingredientes, misture e sirva.

Nutrição: calorias 58, gordura 3,8, fibra 1,8, carboidratos 6, proteína 1,6

Salada de cenoura ao curry

Tempo de preparo: 4 minutos.
Tempo de preparação: 0 minutos.
Porções: 4

Ingredientes:
- 1 libra de cenouras, descascadas e raladas
- 2 c. de sopa de óleo de abacate
- 2 colheres de sopa de suco de limão
- 3 colheres de gergelim
- ½ colher de chá de caril em pó
- 1 colher de chá de alecrim seco
- ½ colher de chá de cominho, moído

Endereços:
1. Em uma tigela, misture as cenouras com o óleo, o suco de limão e os demais ingredientes, misture e sirva frio como acompanhamento.

Nutrição: calorias 99, gordura 4,4, fibra 4,2, carboidratos 13,7, proteína 2,4

salada e salada de beterraba

Tempo de preparo: 5 minutos.
Tempo de preparação: 0 minutos.
Porções: 4

Ingredientes:
- 1 colher de gengibre ralado
- 2 dentes de alho, picados
- 4 xícaras de alface romana, picada
- 1 beterraba, descascada e ralada
- 2 cebolas verdes picadas
- 1 colher de vinagre balsâmico
- 1 colher de sopa de gergelim

Endereços:
1. Numa tigela, junte a salada com o gengibre, o alho e os demais ingredientes, misture e sirva como acompanhamento.

Nutrição: calorias 42, gordura 1,4, fibra 1,5, carboidratos 6,7, proteína 1,4

rabanetes com ervas

Tempo de preparo: 5 minutos.
Tempo de preparação: 0 minutos.
Porções: 4

Ingredientes:
- 1 libra de rabanetes vermelhos em cubos
- 1 colher de cebolinha picada
- 1 colher de salsa picada
- 1 colher de sopa de orégano picado
- 2 c. de sopa de azeite
- 1 colher de sopa de suco de limão
- pimenta preta a gosto

Endereços:
1. Em uma saladeira, misture os rabanetes com a cebolinha e os demais ingredientes, misture e sirva.

Nutrição: calorias 85, gordura 7,3, fibra 2,4, carboidratos 5,6, proteína 1

Mistura de erva-doce assada

Tempo de preparo: 5 minutos.
Tempo de preparo: 20 minutos.
Porções: 4

Ingredientes:
- 2 bulbos de erva-doce, fatiados
- 1 colher de chá de páprica doce
- 1 cebola roxa pequena, fatiada
- 2 c. de sopa de azeite
- 2 colheres de sopa de suco de limão
- 2 colheres de sopa de endro picado
- pimenta preta a gosto

Endereços:
1. Combine a erva-doce com a páprica e os outros ingredientes em uma assadeira, misture e leve ao forno a 380 graus F por 20 minutos.
2. Divida a mistura entre os pratos e sirva.

Nutrição: calorias 114, gordura 7,4, fibra 4,5, carboidratos 13,2, proteína 2,1

pimentas assadas

Tempo de preparo: 10 minutos.
Tempo de preparo: 30 minutos.
Porções: 4

Ingredientes:
- 1 libra de pimentão misto, em cubos
- 1 cebola roxa, finamente picada
- 2 c. de sopa de azeite
- pimenta preta a gosto
- 1 colher de sopa de orégano picado
- 2 colheres de sopa de folhas de hortelã picadas

Endereços:
1. Em uma assadeira, misture os pimentões com cebola e outros ingredientes, misture e leve ao forno a 380 graus F por 30 minutos.
2. Divida a mistura entre os pratos e sirva.

Nutrição: calorias 240, gordura 8,2, fibra 4,2, carboidratos 11,3, proteína 5,6

Tâmaras salteadas e couve

Tempo de preparo: 5 minutos.
Tempo de preparo: 15 minutos.
Porções: 4

Ingredientes:
- 1 libra de repolho roxo, picado
- 8 tâmaras sem caroço e fatiadas
- 2 c. de sopa de azeite
- ¼ xícara de caldo de legumes com baixo teor de sódio
- 2 colheres de cebolinha picada
- 2 colheres de sopa de suco de limão
- pimenta preta a gosto

Endereços:
1. Aqueça uma panela com o azeite em fogo médio, acrescente o repolho e as tâmaras, mexa e cozinhe por 4 minutos.
2. Junte o caldo e os demais ingredientes, mexa, cozinhe em fogo médio por mais 11 minutos, divida pelos pratos e sirva.

Nutrição: calorias 280, gordura 8,1, fibra 4,1, carboidratos 8,7, proteína 6,3

mistura de feijão preto

Tempo de preparo: 4 minutos.
Tempo de preparação: 0 minutos.
Porções: 4

Ingredientes:
- 3 xícaras de feijão preto enlatado, sem adição de sal, escorrido e enxaguado
- 1 xícara de tomate cereja, cortado ao meio
- 2 chalotas picadas
- 3 c. de sopa de azeite
- 1 colher de vinagre balsâmico
- pimenta preta a gosto
- 1 colher de cebolinha picada

Endereços:
1. Em uma tigela, misture o feijão com o tomate e os demais ingredientes, misture e sirva frio como acompanhamento.

Nutrição: calorias 310, gordura 11,0, fibra 5,3, carboidratos 19,6, proteína 6,8

Mistura de azeitonas e endívias

Tempo de preparo: 4 minutos.
Tempo de preparação: 0 minutos.
Porções: 4

Ingredientes:
- 2 cebolinhas picadas
- 2 endívias raladas
- 1 xícara de azeitonas pretas sem caroço e fatiadas
- ½ xícara de azeitonas kalamata, sem caroço e fatiadas
- ¼ xícara de vinagre de maçã
- 2 c. de sopa de azeite
- 1 c. de sopa de coentros picados

Endereços:
1. Em uma tigela, misture as endívias com as azeitonas e o restante dos ingredientes, misture e sirva.

Nutrição: calorias 230, gordura 9,1, fibra 6,3, carboidratos 14,6, proteína 7,2

salada de tomate e pepino

Tempo de preparo: 5 minutos.
Tempo de preparação: 0 minutos.
Porções: 4

Ingredientes:
- ½ quilo de tomate em cubos
- 2 pepinos, fatiados
- 1 colher de sopa de azeite
- 2 cebolinhas picadas
- pimenta preta a gosto
- suco de 1 limão
- ½ xícara de manjericão picado

Endereços:
1. Em uma saladeira, junte os tomates com o pepino e os demais ingredientes, misture e sirva frio.

Nutrição: calorias 224, gordura 11,2, fibra 5,1, carboidratos 8,9, proteína 6,2

Salada de pimenta e cenoura

Tempo de preparo: 5 minutos.
Tempo de preparação: 0 minutos.
Porções: 4

Ingredientes:
- 1 xícara de tomate cereja, cortado ao meio
- 1 pimentão amarelo picado
- 1 pimenta vermelha, picada
- 1 pimentão verde picado
- ½ quilo de cenoura ralada
- 3 colheres de sopa de vinagre de vinho tinto
- 2 c. de sopa de azeite
- 1 c. de sopa de coentros picados
- pimenta preta a gosto

Endereços:
1. Em uma saladeira, misture os tomates com o pimentão, a cenoura e os demais ingredientes, misture e sirva como acompanhamento.

Nutrição: calorias 123, gordura 4, fibra 8,4, carboidratos 14,4, proteína 1,1

Mistura de feijão preto e arroz

Tempo de preparo: 10 minutos.
Tempo de preparo: 30 minutos.
Porções: 4

Ingredientes:
- 2 c. de sopa de azeite
- 1 cebola amarela, picada
- 1 xícara de feijão preto enlatado, sem adição de sal, escorrido e enxaguado
- 2 xícaras de arroz preto
- 4 xícaras de caldo de galinha com baixo teor de sódio
- 2 colheres de tomilho picado
- Raspa de ½ limão ralado
- Uma pitada de pimenta preta

Endereços:
1. Aqueça uma frigideira com o azeite em fogo médio-alto, acrescente a cebola, mexa e frite por 4 minutos.
2. Acrescente o feijão, o arroz e os demais ingredientes, mexa, deixe ferver e cozinhe em fogo médio por 25 minutos.
3. Mexa a mistura, divida pelos pratos e sirva.

Nutrição: calorias 290, gordura 15,3, fibra 6,2, carboidratos 14,6, proteína 8

Arroz de couve flor

Tempo de preparo: 10 minutos.
Tempo de preparo: 25 minutos.
Porções: 4

Ingredientes:
- 1 xícara de floretes de couve-flor
- 1 xícara de arroz branco
- 2 xícaras de caldo de galinha com baixo teor de sódio
- 1 colher de sopa de óleo de abacate
- 2 chalotas picadas
- ¼ xícara de mirtilos
- ½ xícara de amêndoas picadas

Endereços:
1. Aqueça uma frigideira com o azeite em fogo médio, acrescente as chalotas, mexa e frite por 5 minutos.
2. Adicione a couve-flor, o arroz e os demais ingredientes, mexa, deixe ferver e cozinhe em fogo médio por 20 minutos.
3. Divida a mistura entre os pratos e sirva.

Nutrição: calorias 290, gordura 15,1, fibra 5,6, carboidratos 7, proteína 4,5

molho de pepino

Tempo de preparo: 5 minutos.
Tempo de preparação: 0 minutos.
Porções: 4

Ingredientes:
- 1 libra de pepino em cubos
- 1 abacate, descascado, sem caroço e picado
- 1 colher de sopa de alcaparras, escorridas
- 1 colher de cebolinha picada
- 1 cebola roxa pequena picada
- 1 colher de sopa de azeite
- 1 colher de vinagre balsâmico

Endereços:
1. Coloque os pepinos junto com o abacate e os demais ingredientes em uma tigela, misture, divida em copinhos e sirva.

Nutrição: calorias 132, gordura 4,4, fibra 4, carboidratos 11,6, proteína 4,5

pasta de grão de bico

Tempo de preparo: 5 minutos.
Tempo de preparação: 0 minutos.
Porções: 4

Ingredientes:
- 1 colher de sopa de azeite
- 1 colher de sopa de suco de limão
- 1 colher de sopa de pasta de gergelim
- 2 colheres de cebolinha picada
- 2 cebolinhas picadas
- 2 xícaras de grão de bico enlatado, sem adição de sal, escorrido e enxaguado

Endereços:
1. Bata no liquidificador o grão-de-bico com o azeite e todos os outros ingredientes, exceto a cebolinha, bata bem, divida em tigelas, polvilhe a cebolinha por cima e sirva.

Nutrição: calorias 280, gordura 13,3, fibra 5,5, carboidratos 14,8, proteína 6,2

molho de azeitona

Tempo de preparo: 4 minutos.
Tempo de preparação: 0 minutos.
Porções: 4

Ingredientes:
- 2 xícaras de azeitonas pretas sem caroço e picadas
- 1 xícara de hortelã picada
- 2 c. de sopa de óleo de abacate
- ½ xícara de creme de coco
- ¼ xícara de suco de limão
- Uma pitada de pimenta preta

Endereços:
1. No liquidificador, bata as azeitonas com a hortelã e os demais ingredientes, bata bem, divida em tigelas e sirva.

Nutrição: calorias 287, gordura 13,3, fibra 4,7, carboidratos 17,4, proteína 2,4

Molho de cebola de coco

Tempo de preparo: 5 minutos.
Tempo de preparação: 0 minutos.
Porções: 4

Ingredientes:
- 4 cebolinhas picadas
- 1 chalota picada
- 1 colher de sopa de suco de limão
- Uma pitada de pimenta preta
- 2 onças de queijo mussarela com baixo teor de gordura, ralado
- 1 xícara de creme de coco
- 1 colher de salsa picada

Endereços:
1. No liquidificador, misture a cebolinha com as chalotas e os demais ingredientes, bata bem, divida em tigelas e sirva como um molho de festa.

Nutrição: calorias 271, gordura 15,3, fibra 5, carboidratos 15,9, proteína 6,9

Molho de pinhões e coco

Tempo de preparo: 5 minutos.
Tempo de preparação: 0 minutos.
Porções: 4

Ingredientes:
- 8 onças de creme de coco
- 1 colher de sopa de pinhões picados
- 2 colheres de salsa picada
- Uma pitada de pimenta preta

Endereços:
1. Coloque as natas numa tigela juntamente com os pinhões e os restantes ingredientes, bata bem, divida em taças e sirva.

Nutrição: calorias 281, gordura 13, fibra 4,8, carboidratos 16, proteína 3,56

Molho de rúcula e pepino

Tempo de preparo: 5 minutos.
Tempo de preparação: 0 minutos.
Porções: 4

Ingredientes:
- 4 cebolinhas picadas
- 2 tomates, em cubos
- 4 pepinos em cubos
- 1 colher de vinagre balsâmico
- 1 xícara de folhas de rúcula baby
- 2 colheres de sopa de suco de limão
- 2 c. de sopa de azeite
- Uma pitada de pimenta preta

Endereços:
1. Em uma tigela, junte a cebolinha com o tomate e os demais ingredientes, misture, divida em tigelinhas e sirva como petisco.

Nutrição: calorias 139, gordura 3,8, fibra 4,5, carboidratos 14, proteína 5,4

molho de queijo

Tempo de preparo: 5 minutos.
Tempo de preparação: 0 minutos.
Porções: 6

Ingredientes:
- 1 colher de sopa de hortelã picada
- 1 colher de sopa de orégano picado
- 10 onças de queijo creme sem gordura
- ½ xícara de gengibre, fatiado
- 2 colheres de sopa de aminoácidos de coco

Endereços:
1. Bata no liquidificador o cream cheese com o gengibre e os demais ingredientes, bata bem, divida em copinhos e sirva.

Nutrição: calorias 388, gordura 15,4, fibra 6, carboidratos 14,3, proteína 6

Molho de iogurte com páprica

Tempo de preparo: 5 minutos.
Tempo de preparação: 0 minutos.
Porções: 4

Ingredientes:
- 3 xícaras de iogurte sem gordura
- 2 cebolinhas picadas
- 1 colher de chá de páprica doce
- ¼ xícara de amêndoas picadas
- ¼ xícara de endro picado

Endereços:
1. Em uma tigela, misture o iogurte com a cebola e os demais ingredientes, bata, divida entre as tigelas e sirva.

Nutrição: calorias 181, gordura 12,2, fibra 6, carboidratos 14,1, proteína 7

molho de couve-flor

Tempo de preparo: 5 minutos.
Tempo de preparação: 0 minutos.
Porções: 4

Ingredientes:
- 1 libra de floretes de couve-flor, escaldados
- 1 xícara de azeitonas kalamata, sem caroço e cortadas ao meio
- 1 xícara de tomate cereja, cortado ao meio
- 1 colher de sopa de azeite
- 1 colher de sopa de suco de limão
- Uma pitada de pimenta preta

Endereços:
1. Em uma tigela, misture a couve-flor com as azeitonas e os demais ingredientes, misture e sirva.

Nutrição: calorias 139, gordura 4, fibra 3,6, carboidratos 5,5, proteína 3,4

creme de camarão

Tempo de preparo: 5 minutos.
Tempo de preparação: 0 minutos.
Porções: 4

Ingredientes:
- 8 onças de creme de coco
- 1 libra de camarão, cozido, descascado, limpo e picado
- 2 colheres de sopa de endro picado
- 2 cebolinhas picadas
- 1 c. de sopa de coentros picados
- Uma pitada de pimenta preta

Endereços:
1. Em uma tigela, misture os camarões com o creme de leite e os demais ingredientes, bata e sirva como patê de festa.

Nutrição: calorias 362, gordura 14,3, fibra 6, carboidratos 14,6, proteína 5,9

molho de pêssego

Tempo de preparo: 4 minutos.
Tempo de preparação: 0 minutos.
Porções: 4

Ingredientes:
- 4 pêssegos sem caroço e picados
- 1 xícara de azeitonas kalamata, sem caroço e cortadas ao meio
- 1 abacate, sem caroço, descascado e picado
- 1 xícara de tomate cereja, cortado ao meio
- 1 colher de sopa de azeite
- 1 colher de sopa de suco de limão
- 1 c. de sopa de coentros picados

Endereços:
1. Numa tigela, junte os pêssegos com as azeitonas e os demais ingredientes, misture bem e sirva frio.

Nutrição: calorias 200, gordura 7,5, fibra 5, carboidratos 13,3, proteína 4,9

chips de cenoura

Tempo de preparo: 10 minutos.
Tempo de preparo: 20 minutos.
Porções: 4

Ingredientes:
- 4 cenouras, em fatias finas
- 2 c. de sopa de azeite
- Uma pitada de pimenta preta
- 1 colher de chá de páprica doce
- ½ colher de chá de açafrão em pó
- Uma pitada de flocos de pimenta vermelha

Endereços:
1. Em uma tigela, junte as lascas de cenoura com o óleo e os demais ingredientes e misture.
2. Espalhe os bolinhos em uma assadeira forrada, leve ao forno a 400 graus F por 25 minutos, divida em tigelas e sirva como lanche.

Nutrição: calorias 180, gordura 3, fibra 3,3, carboidratos 5,8, proteína 1,3

picada de aspargo

Tempo de preparo: 4 minutos.
Tempo de preparo: 20 minutos.
Porções: 4

Ingredientes:
- 2 colheres de sopa de óleo de coco derretido
- 1 libra de aspargos, aparados e cortados ao meio
- 1 colher de chá de alho em pó
- 1 colher de chá de alecrim seco
- 1 colher de chá de pimenta em pó

Endereços:
1. Em uma tigela, misture os aspargos com o óleo e outros ingredientes, misture, espalhe em uma assadeira forrada e leve ao forno a 400 graus F por 20 minutos.
2. Divida em tigelas e sirva frio como lanche.

Nutrição: calorias 170, gordura 4,3, fibra 4, carboidratos 7, proteína 4,5

Tigelas de figos assados

Tempo de preparo: 4 minutos.
Tempo de preparo: 12 minutos.
Porções: 4

Ingredientes:
- 8 figos cortados ao meio
- 1 colher de sopa de óleo de abacate
- 1 colher de chá de noz-moscada moída

Endereços:
1. Combine figos com óleo e noz-moscada em uma assadeira, misture e leve ao forno a 400 graus F por 12 minutos.
2. Divida os figos em tigelas pequenas e sirva como lanche.

Nutrição: calorias 180, gordura 4,3, fibra 2, carboidratos 2, proteína 3,2

Molho de repolho e camarão

Tempo de preparo: 5 minutos.
Tempo de preparo: 6 minutos.
Porções: 4

Ingredientes:
- 2 xícaras de repolho roxo, picado
- 1 libra de camarão, descascado e eviscerado
- 1 colher de sopa de azeite
- Uma pitada de pimenta preta
- 2 cebolinhas picadas
- 1 xícara de tomate picado
- ½ colher de chá de alho em pó

Endereços:
1. Aqueça uma frigideira com o azeite em fogo médio, acrescente os camarões, mexa e frite por 3 minutos de cada lado.
2. Misture o repolho com o camarão e os demais ingredientes em uma tigela, misture, divida em tigelas pequenas e sirva.

Nutrição: calorias 225, gordura 9,7, fibra 5,1, carboidratos 11,4, proteína 4,5

barcos de abacate

Tempo de preparo: 5 minutos.
Tempo de preparo: 10 minutos.
Porções: 4

Ingredientes:
- 2 abacates, descascados, sem caroço e picados
- 1 colher de sopa de óleo de abacate
- 1 colher de sopa de suco de limão
- 1 colher de chá de coentro moído

Endereços:
1. Espalhe as fatias de abacate em uma assadeira forrada, adicione óleo e outros ingredientes, misture e leve ao forno a 300 graus F por 10 minutos.
2. Divida em taças e sirva como lanche.

Nutrição: calorias 212, gordura 20,1, fibra 6,9, carboidratos 9,8, proteína 2

molho de limão

Tempo de preparo: 4 minutos.
Tempo de preparação: 0 minutos.
Porções: 4

Ingredientes:
- 1 xícara de queijo creme com baixo teor de gordura
- pimenta preta a gosto
- ½ xícara de suco de limão
- 1 c. de sopa de coentros picados
- 3 dentes de alho, picados

Endereços:
1. No processador de alimentos, misture o cream cheese com o suco de limão e os demais ingredientes, bata bem, divida em tigelas e sirva.

Nutrição: calorias 213, gordura 20,5, fibra 0,2, carboidratos 2,8, proteína 4,8

molho de batata doce

Tempo de preparo: 10 minutos.
Tempo de preparo: 40 minutos.
Porções: 4

Ingredientes:
- 1 xícara de batata doce, descascada e cortada em cubos
- 1 colher de sopa de caldo de legumes com baixo teor de sódio
- spray para cozinhar
- 2 c. de sopa de creme de coco
- 2 colheres de chá de alecrim seco
- pimenta preta a gosto

Endereços:
1. Junte as batatas com o caldo e os demais ingredientes em uma assadeira, mexa, leve ao forno 365 graus F por 40 minutos, transfira para o liquidificador, aperte bem, divida em tigelinhas e sirva

Nutrição: calorias 65, gordura 2,1, fibra 2, carboidratos 11,3, proteína 0,8

molho de feijão

Tempo de preparo: 5 minutos.
Tempo de preparação: 0 minutos.
Porções: 4

Ingredientes:
- 1 xícara de feijão preto enlatado, sem adição de sal, escorrido
- 1 xícara de feijão em lata, sem adição de sal, escorrido
- 1 colher de chá de vinagre balsâmico
- 1 xícara de tomate cereja em cubos
- 1 colher de sopa de azeite
- 2 chalotas picadas

Endereços:
1. Misture o feijão com o vinagre e os ingredientes restantes em uma tigela, misture e sirva como um lanche de festa.

Nutrição: calorias 362, gordura 4,8, fibra 14,9, carboidratos 61, proteína 21,4

molho de feijão verde

Tempo de preparo: 10 minutos.
Tempo de preparo: 10 minutos.
Porções: 4

Ingredientes:
- 1 libra de feijão verde, aparado e cortado ao meio
- 1 colher de sopa de azeite
- 2 colheres de chá de alcaparras, escorridas
- 6 onças de azeitonas verdes, sem caroço e fatiadas
- 4 dentes de alho, picados
- 1 colher de sopa de suco de limão
- 1 colher de sopa de orégano picado
- pimenta preta a gosto

Endereços:
1. Aqueça uma frigideira com o azeite em lume médio-alto, junte os alhos e o feijão verde, mexa e deixe cozinhar durante 3 minutos.
2. Adicione o restante dos ingredientes, misture, cozinhe por mais 7 minutos, divida em copinhos e sirva frio.

Nutrição: calorias 111, gordura 6,7, fibra 5,6, carboidratos 13,2, proteína 2,9

Creme de cenoura

Tempo de preparo: 10 minutos.
Tempo de preparo: 30 minutos.
Porções: 4

Ingredientes:
- 1 libra de cenouras, descascadas e picadas
- ½ xícara de nozes picadas
- 2 xícaras de caldo de legumes com baixo teor de sódio
- 1 xícara de creme de coco
- 1 colher de sopa de alecrim picado
- 1 colher de chá de alho em pó
- ¼ colher de chá de páprica defumada

Endereços:
1. Em uma panela pequena, misture a cenoura com o caldo, as nozes e todos os outros ingredientes, exceto o creme de leite e o alecrim, mexa, leve ao fogo médio, cozinhe por 30 minutos, escorra e transfira para o liquidificador.
2. Adicione o creme de leite, bata bem a mistura, divida em tigelas, polvilhe o alecrim por cima e sirva.

Nutrição: calorias 201, gordura 8,7, fibra 3,4, carboidratos 7,8, proteína 7,7

Ketchup

Tempo de preparo: 10 minutos.
Tempo de preparo: 10 minutos.
Porções: 4

Ingredientes:
- 1 libra de tomates, descascados e picados
- ½ xícara de alho picado
- 2 c. de sopa de azeite
- Uma pitada de pimenta preta
- 2 chalotas picadas
- 1 colher de chá de tomilho seco

Endereços:
1. Aqueça uma frigideira com o azeite em lume médio-alto, junte os alhos e as chalotas, mexa e refogue durante 2 minutos.
2. Junte os tomates e os demais ingredientes, cozinhe por mais 8 minutos e bata no liquidificador.
3. Pulse bem, divida em copinhos e sirva como petisco.

Nutrição: calorias 232, gordura 11,3, fibra 3,9, carboidratos 7,9, proteína 4,5

tigelas de salmão

Tempo de preparo: 10 minutos.
Tempo de preparação: 0 minutos.
Porções: 6

Ingredientes:
- 1 colher de sopa de óleo de abacate
- 1 colher de vinagre balsâmico
- ½ colher de chá de orégano seco
- 1 xícara de salmão defumado, sem adição de sal, sem osso, sem pele e cortado em cubos
- 1 xícara de molho
- 4 xícaras de espinafre baby

Endereços:
1. Em uma tigela, misture o salmão com o molho e os demais ingredientes, misture, divida em copinhos e sirva.

Nutrição: calorias 281, gordura 14,4, fibra 7,4, carboidratos 18,7, proteína 7,4

Molho de tomate e milho

Tempo de preparo: 4 minutos.
Tempo de preparação: 0 minutos.
Porções: 4

Ingredientes:
- 3 xícaras de milho
- 2 xícaras de tomate, em cubos
- 2 cebolas verdes picadas
- 2 c. de sopa de azeite
- 1 pimentão vermelho picado
- ½ colher de sopa de cebolinha picada

Endereços:
1. Numa saladeira, junte os tomates com o milho e os demais ingredientes, misture e sirva frio como petisco.

Nutrição: calorias 178, gordura 8,6, fibra 4,5, carboidratos 25,9, proteína 4,7

Cogumelos assados

Tempo de preparo: 10 minutos.
Tempo de preparo: 25 minutos.
Porções: 4

Ingredientes:
- 1 libra de tampas de cogumelos pequenos
- 2 c. de sopa de azeite
- 1 colher de cebolinha picada
- 1 colher de sopa de alecrim picado
- pimenta preta a gosto

Endereços:
1. Coloque os cogumelos em uma assadeira, adicione o óleo e o restante dos ingredientes, misture, leve ao forno a 400 graus F por 25 minutos, divida em tigelas e sirva como lanche.

Nutrição: calorias 215, gordura 12,3, fibra 6,7, carboidratos 15,3, proteína 3,5

pasta de feijão

Tempo de preparo: 5 minutos.
Tempo de preparação: 0 minutos.
Porções: 4

Ingredientes:
- ½ xícara de creme de coco
- 1 colher de sopa de azeite
- 2 xícaras de feijão preto enlatado, sem adição de sal, escorrido e enxaguado
- 2 colheres de sopa de cebolinha verde picada

Endereços:
1. Bata no liquidificador o feijão com o creme de leite e os demais ingredientes, pressione bem, divida em tigelas e sirva.

Nutrição: calorias 311, gordura 13,5, fibra 6, carboidratos 18,0, proteína 8

Molho de coentros e erva-doce

Tempo de preparo: 5 minutos.
Tempo de preparação: 0 minutos.
Porções: 4

Ingredientes:
- 2 cebolinhas picadas
- 2 bulbos de erva-doce picados
- 1 pimentão verde picado
- 1 tomate picado
- 1 colher de cúrcuma em pó
- 1 colher de chá de suco de limão
- 2 colheres de coentro picado
- pimenta preta a gosto

Endereços:
1. Em uma saladeira, misture o funcho com a cebola e os demais ingredientes, misture, divida em copinhos e sirva.

Nutrição: calorias 310, gordura 11,5, fibra 5,1, carboidratos 22,3, proteína 6,5

picada de couve de bruxelas

Tempo de preparo: 10 minutos.
Tempo de preparo: 25 minutos.
Porções: 4

Ingredientes:
- 1 libra de couve de Bruxelas, aparada e cortada ao meio
- 2 c. de sopa de azeite
- 1 colher de sopa de cominho, moído
- 1 xícara de endro picado
- 2 dentes de alho, picados

Endereços:
1. Em uma assadeira, misture as couves de Bruxelas com o óleo e outros ingredientes, misture e leve ao forno a 390 graus F por 25 minutos.
2. Divida os brotos em tigelas e sirva como lanche.

Nutrição: calorias 270, gordura 10,3, fibra 5,2, carboidratos 11,1, proteína 6

Picadas de Nozes Balsâmicas

Tempo de preparo: 10 minutos.
Tempo de preparo: 15 minutos.
Porções: 4

Ingredientes:
- 2 xícaras de nozes
- 3 colheres de sopa de vinagre vermelho
- Um toque de azeite
- Uma pitada de pimenta caiena
- Uma pitada de flocos de pimenta vermelha
- pimenta preta a gosto

Endereços:
1. Espalhe as nozes em uma assadeira forrada, adicione vinagre e outros ingredientes, misture e asse a 400 graus F por 15 minutos.
2. Distribua as nozes em tigelas e sirva.

Nutrição: calorias 280, gordura 12,2, fibra 2, carboidratos 15,8, proteína 6

chips de rabanete

Tempo de preparo: 10 minutos.
Tempo de preparo: 20 minutos.
Porções: 4

Ingredientes:
- 1 libra de rabanetes, em fatias finas
- Uma pitada de açafrão em pó
- pimenta preta a gosto
- 2 c. de sopa de azeite

Endereços:
1. Espalhe os chips de rabanete em uma assadeira forrada, adicione o óleo e outros ingredientes, misture e leve ao forno a 400 graus F por 20 minutos.
2. Divida os bolinhos em tigelas e sirva.

Nutrição: calorias 120, gordura 8,3, fibra 1, carboidratos 3,8, proteína 6

Salada de alho-poró e camarão

Tempo de preparo: 4 minutos.
Tempo de preparação: 0 minutos.
Porções: 4

Ingredientes:
- 2 alhos-porós, fatiados
- 1 xícara de coentro picado
- 1 libra de camarão, descascado, limpo e cozido
- suco de 1 limão
- 1 colher de sopa de casca de lima ralada
- 1 xícara de tomate cereja, cortado ao meio
- 2 c. de sopa de azeite
- Sal e pimenta preta a gosto

Endereços:
1. Em uma saladeira, misture os camarões com o alho-poró e os demais ingredientes, misture, divida em copinhos e sirva.

Nutrição: calorias 280, gordura 9,1, fibra 5,2, carboidratos 12,6, proteína 5

molho de alho-poró

Tempo de preparo: 5 minutos.
Tempo de preparação: 0 minutos.
Porções: 4

Ingredientes:
- 1 colher de sopa de suco de limão
- ½ xícara de queijo creme com baixo teor de gordura
- 2 c. de sopa de azeite
- pimenta preta a gosto
- 4 alhos-porós picados
- 1 c. de sopa de coentros picados

Endereços:
1. Bata o cream cheese com o alho-poró e os demais ingredientes no liquidificador, bata bem, divida em tigelas e sirva como pasta de festa.

Nutrição: calorias 300, gordura 12,2, fibra 7,6, carboidratos 14,7, proteína 5,6

salada de pimenta

Tempo de preparo: 5 minutos.
Tempo de preparação: 0 minutos.
Porções: 4

Ingredientes:
- ½ libra de pimentão vermelho, cortado em tiras finas
- 3 cebolinhas verdes picadas
- 1 colher de sopa de azeite
- 2 colheres de chá de gengibre ralado
- ½ colher de chá de alecrim seco
- 3 colheres de vinagre balsâmico

Endereços:
1. Em uma saladeira, misture os pimentões com a cebola e os demais ingredientes, misture, divida em copinhos e sirva.

Nutrição: calorias 160, gordura 6, fibra 3, carboidratos 10,9, proteína 5,2

creme de abacate

Tempo de preparo: 4 minutos.
Tempo de preparação: 0 minutos.
Porções: 4

Ingredientes:
- 2 colheres de sopa de endro picado
- 1 chalota picada
- 2 dentes de alho, picados
- 2 abacates, descascados, sem caroço e picados
- 1 xícara de creme de coco
- 2 c. de sopa de azeite
- 2 colheres de sopa de suco de limão
- pimenta preta a gosto

Endereços:
1. Bata no liquidificador os abacates com as chalotas, o alho e os demais ingredientes, bata bem, divida em tigelinhas e sirva como lanche.

Nutrição: calorias 300, gordura 22,3, fibra 6,4, carboidratos 42, proteína 8,9

molho de milho

Tempo de preparo: 30 minutos.
Tempo de preparação: 0 minutos.
Porções: 4

Ingredientes:
- Uma pitada de pimenta caiena
- Uma pitada de pimenta preta
- 2 xícaras de milho
- 1 xícara de creme de coco
- 2 colheres de sopa de suco de limão
- 2 c. de sopa de óleo de abacate

Endereços:
1. Bata o milho com o creme de leite e os demais ingredientes no liquidificador, pressione bem, divida em tigelas e sirva como pasta de festa.

Nutrição: calorias 215, gordura 16,2, fibra 3,8, carboidratos 18,4, proteína 4

varas de feijão

Tempo de preparo: 2 horas.
Tempo de preparação: 0 minutos.
Porções: 12

Ingredientes:
- 1 xícara de feijão preto enlatado, sem adição de sal, escorrido
- 1 xícara de coco em flocos, sem açúcar
- 1 xícara de manteiga desnatada
- ½ xícara de sementes de chia
- ½ xícara de creme de coco

Endereços:
1. No liquidificador, bata o feijão com o coco ralado e os demais ingredientes, pulse bem, distribua em uma forma quadrada, aperte, leve à geladeira por 2 horas, corte em barras médias e sirva.

Nutrição: calorias 141, gordura 7, fibra 5, carboidratos 16,2, proteína 5

Mistura de sementes de abóbora e chips de maçã

Tempo de preparo: 10 minutos.
Tempo de preparo: 2 horas.
Porções: 4

Ingredientes:
- spray para cozinhar
- 2 c. de chá de noz-moscada moída
- 1 xícara de sementes de abóbora
- 2 maçãs sem caroço e cortadas em fatias finas

Endereços:
1. Coloque as sementes de abóbora e as lascas de maçã em uma assadeira forrada, polvilhe com noz-moscada, cubra com spray de cozinha, coloque no forno e asse a 300 graus F por 2 horas.
2. Divida em tigelas e sirva como lanche.

Nutrição: calorias 80, gordura 0, fibra 3, carboidratos 7, proteína 4

Molho de tomate e iogurte

Tempo de preparo: 5 minutos.
Tempo de preparação: 0 minutos.
Porções: 4

Ingredientes:
- 2 xícaras de iogurte grego sem gordura
- 1 colher de salsa picada
- ¼ xícara de tomate enlatado, sem adição de sal, picado
- 2 colheres de cebolinha picada
- pimenta preta a gosto

Endereços:
1. Misture o iogurte com a salsinha e os demais ingredientes em uma tigela, bata bem, divida em tigelinhas e sirva como molho de festa.

Nutrição: calorias 78, gordura 0, fibra 0,2, carboidratos 10,6, proteína 8,2

tigelas de beterraba caiena

Tempo de preparo: 10 minutos.
Tempo de preparo: 35 minutos.
Porções: 2

Ingredientes:
- 1 colher de chá de pimenta caiena
- 2 beterrabas, descascadas e cortadas em cubos
- 1 colher de chá de alecrim seco
- 1 colher de sopa de azeite
- 2 colheres de chá de suco de limão

Endereços:
1. Em uma assadeira, misture os pedaços de beterraba com pimenta de Caiena e os ingredientes restantes, misture, leve ao forno, asse a 355 graus F por 35 minutos, divida em tigelas pequenas e sirva como lanche.

Nutrição: calorias 170, gordura 12,2, fibra 7, carboidratos 15,1, proteína 6

Tigelas de noz-pecã e nozes

Tempo de preparo: 10 minutos.
Tempo de preparo: 10 minutos.
Porções: 4

Ingredientes:
- 2 xícaras de nozes
- 1 xícara de nozes picadas
- 1 colher de óleo de abacate
- ½ colher de chá de páprica doce

Endereços:
1. Espalhe as uvas e as nozes em uma assadeira forrada, adicione óleo e páprica, misture e leve ao forno a 400 graus F por 10 minutos.
2. Divida em tigelas e sirva como lanche.

Nutrição: calorias 220, gordura 12,4, fibra 3, carboidratos 12,9, proteína 5,6

Muffins de Salmão e Salsa

Tempo de preparo: 10 minutos.
Tempo de preparo: 25 minutos.
Porções: 4

Ingredientes:
- 1 xícara de queijo mussarela com baixo teor de gordura, ralado
- 8 onças de salmão defumado, sem pele, desossado e picado
- 1 xícara de farinha de amêndoa
- 1 ovo batido
- 1 colher de chá de salsa seca
- 1 dente de alho picado
- pimenta preta a gosto
- spray para cozinhar

Endereços:
1. Combine o salmão com a mussarela e os outros ingredientes, exceto o spray de cozinha em uma tigela e misture bem.
2. Espalhe esta mistura em uma forma de muffin untada com spray de cozinha, leve ao forno a 375 graus F por 25 minutos e sirva como lanche.

Nutrição: calorias 273, gordura 17, fibra 3,5, carboidratos 6,9, proteína 21,8

bolas de abóbora

Tempo de preparo: 10 minutos.
Tempo de preparo: 20 minutos.
Porções: 8

Ingredientes:
- Um toque de azeite
- 1 abóbora grande, descascada e picada
- 2 colheres de coentro picado
- 2 ovos batidos
- ½ xícara de farinha de trigo integral
- pimenta preta a gosto
- 2 chalotas picadas
- 2 dentes de alho, picados

Endereços:
1. Misture a abóbora com os coentros e os restantes ingredientes menos o azeite numa tigela, mexa bem e faça bolinhas médias com esta mistura.
2. Coloque em uma assadeira forrada, pincele com óleo, leve ao forno a 400 graus F por 10 minutos de cada lado, divida em tigelas e sirva.

Nutrição: calorias 78, gordura 3, fibra 0,9, carboidratos 10,8, proteína 2,7

Tigelas de cebola com queijo pérola

Tempo de preparo: 10 minutos.
Tempo de preparo: 30 minutos.
Porções: 8

Ingredientes:
- 20 cebolas brancas descascadas
- 3 colheres de salsa picada
- 1 colher de cebolinha picada
- pimenta preta a gosto
- 1 xícara de mussarela desnatada, ralada
- 1 colher de sopa de azeite

Endereços:
1. Espalhe as cebolas pérola em uma assadeira forrada, adicione óleo, salsa, cebolinha e pimenta do reino e misture.
2. Polvilhe mussarela por cima, leve ao forno a 390 graus F por 30 minutos, divida em tigelas e sirva frio como lanche.

Nutrição: calorias 136, gordura 2,7, fibra 6, carboidratos 25,9, proteína 4,1

talos de brócolis

Tempo de preparo: 10 minutos.
Tempo de preparo: 25 minutos.
Porções: 8

Ingredientes:
- 1 libra de florzinhas de brócolis picadas
- ½ xícara de queijo mussarela com baixo teor de gordura, ralado
- 2 ovos batidos
- 1 colher de chá de orégano seco
- 1 colher de chá de manjericão seco
- pimenta preta a gosto

Endereços:
1. Em uma tigela, misture o brócolis com o queijo e os demais ingredientes, mexa bem, distribua em uma forma retangular e aperte bem no fundo.
2. Leve ao forno a 380 graus F, asse por 25 minutos, corte em barras e sirva frio.

Nutrição: calorias 46, gordura 1,3, fibra 1,8, carboidratos 4,2, proteína 5

Abacaxi e molho de tomate

Tempo de preparo: 10 minutos.
Tempo de preparo: 40 minutos.
Porções: 4

Ingredientes:
- Lata de 20 onças de abacaxi, escorrida e cortada em cubos
- 1 xícara de tomate seco em cubos
- 1 colher de sopa de manjericão picado
- 1 colher de sopa de óleo de abacate
- 1 colher de chá de suco de limão
- 1 xícara de azeitonas pretas sem caroço e fatiadas
- pimenta preta a gosto

Endereços:
1. Em uma tigela, junte os cubos de abacaxi com os tomates e os demais ingredientes, misture, divida em copinhos e sirva como petisco.

Nutrição: calorias 125, gordura 4,3, fibra 3,8, carboidratos 23,6, proteína 1,5

Mistura de peru e alcachofra

Tempo de preparo: 5 minutos.
Tempo de preparo: 25 minutos.
Porções: 4

Ingredientes:
- 2 c. de sopa de azeite
- 1 peito de peru, sem pele, sem osso e fatiado
- Uma pitada de pimenta preta
- 1 colher de sopa de manjericão picado
- 3 dentes de alho, picados
- 14 onças de alcachofras enlatadas, sem adição de sal, picadas
- 1 xícara de creme de coco
- ¾ xícara de mussarela desnatada, ralada

Endereços:
1. Aqueça uma frigideira com o azeite em lume médio-alto, junte a carne, os alhos e a pimenta-do-reino, mexa e deixe cozinhar durante 5 minutos.
2. Adicione o restante dos ingredientes, exceto o queijo, mexa e cozinhe em fogo médio por 15 minutos.
3. Polvilhe com o queijo, cozinhe por mais 5 minutos, divida pelos pratos e sirva.

Nutrição: calorias 300, gordura 22,2, fibra 7,2, carboidratos 16,5, proteína 13,6

Peru Mistura de Orégano

Tempo de preparo: 10 minutos.
Tempo de preparo: 30 minutos.
Porções: 4

Ingredientes:
- 2 c. de sopa de óleo de abacate
- 1 cebola roxa, picada
- 2 dentes de alho, picados
- Uma pitada de pimenta preta
- 1 colher de sopa de orégano picado
- 1 peito de peru grande, sem pele, sem osso e em cubos
- 1 e ½ dl de caldo de carne com baixo teor de sódio
- 1 colher de cebolinha picada

Endereços:
1. Aqueça uma panela com o azeite em fogo médio, acrescente a cebola, mexa e frite por 3 minutos.
2. Adicione o alho e a carne, mexa e cozinhe por mais 3 minutos.
3. Adicione o restante dos ingredientes, misture, cozinhe tudo em fogo médio por 25 minutos, divida em pratos e sirva.

Nutrição: calorias 76, gordura 2,1, fibra 1,7, carboidratos 6,4, proteína 8,3

galinha laranja

Tempo de preparo: 10 minutos.
Tempo de preparo: 35 minutos.
Porções: 4

Ingredientes:
- 1 colher de sopa de óleo de abacate
- 1 quilo de peito de frango, sem pele, sem osso e cortado ao meio
- 2 dentes de alho, picados
- 2 chalotas picadas
- ½ xícara de suco de laranja
- 1 colher de casca de laranja
- 3 colheres de vinagre balsâmico
- 1 colher de chá de alecrim picado

Endereços:
1. Aqueça uma frigideira com o azeite em lume médio-alto, junte as chalotas e os alhos, mexa e frite durante 2 minutos.
2. Adicione a carne, misture delicadamente e cozinhe por mais 3 minutos.
3. Adicione o restante dos ingredientes, misture, coloque a assadeira no forno e asse a 340 graus F por 30 minutos.
4. Divida em pratos e sirva.

Nutrição: calorias 159, gordura 3,4, fibra 0,5, carboidratos 5,4, proteína 24,6

Peru de alho e cogumelos

Tempo de preparo: 10 minutos.
Tempo de preparo: 40 minutos.
Porções: 4

Ingredientes:
- 1 peito de peru, sem osso, sem pele e em cubos
- ½ libra de cogumelos brancos, cortados ao meio
- 1/3 xícara de aminoácidos de coco
- 2 dentes de alho, picados
- 2 c. de sopa de azeite
- Uma pitada de pimenta preta
- 2 cebolas verdes picadas
- 3 colheres de sopa de molho de alho
- 1 colher de sopa de alecrim picado

Endereços:
1. Aqueça uma frigideira com o azeite em fogo médio, acrescente as cebolinhas, o molho de alho e os alhos e frite por 5 minutos.
2. Adicione a carne e doure por mais 5 minutos.
3. Adicione o restante dos ingredientes, coloque no forno e asse a 390 graus F por 30 minutos.
4. Divida a mistura entre os pratos e sirva.

Nutrição: calorias 154, gordura 8,1, fibra 1,5, carboidratos 11,5, proteína 9,8

salada de truta

Tempo de preparo: 6 minutos.
Tempo de preparação: 0 minutos.
Porções: 4

Ingredientes:
- 4 onças de truta defumada, sem pele, desossada e cortada em cubos
- 1 colher de sopa de suco de limão
- 1/3 xícara de iogurte sem gordura
- 2 abacates, descascados, sem caroço e picados
- 3 colheres de cebolinha picada
- pimenta preta a gosto
- 1 colher de sopa de azeite

Endereços:
1. Em uma tigela, misture a truta com os abacates e os demais ingredientes, misture e sirva.

Nutrição: calorias 244, gordura 9,45, fibra 5,6, carboidratos 8,5, proteína 15

truta balsâmica

Tempo de preparo: 5 minutos.
Tempo de preparo: 15 minutos.
Porções: 4

Ingredientes:
- 3 colheres de vinagre balsâmico
- 2 c. de sopa de azeite
- 4 filés de truta sem osso
- 3 colheres de sopa de salsinha bem picadinha
- 2 dentes de alho, picados

Endereços:
1. Aqueça uma frigideira com o azeite em fogo médio, acrescente a truta e frite por 6 minutos de cada lado.
2. Adicione o restante dos ingredientes, cozinhe por mais 3 minutos, divida pelos pratos e sirva com uma salada.

Nutrição: calorias 314, gordura 14,3, fibra 8,2, carboidratos 14,8, proteína 11,2

salmão com salsa

Tempo de preparo: 5 minutos.
Tempo de preparo: 12 minutos.
Porções: 4

Ingredientes:
- 2 cebolinhas picadas
- 2 colheres de chá de suco de limão
- 1 colher de cebolinha picada
- 1 colher de sopa de azeite
- 4 filés de salmão sem osso
- pimenta preta a gosto
- 2 colheres de salsa picada

Endereços:
1. Aqueça uma frigideira com o azeite em fogo médio, acrescente as cebolinhas, mexa e frite por 2 minutos.
2. Adicione o salmão e os demais ingredientes, frite por 5 minutos de cada lado, divida pelos pratos e sirva.

Nutrição: calorias 290, gordura 14,4, fibra 5,6, carboidratos 15,6, proteína 9,5

Salada de truta e legumes

Tempo de preparo: 5 minutos.
Tempo de preparação: 0 minutos.
Porções: 4

Ingredientes:
- 2 c. de sopa de azeite
- ½ xícara de azeitonas kalamata, sem caroço e picadas
- pimenta preta a gosto
- 1 libra de truta defumada desossada, sem pele e em cubos
- ½ colher de chá de casca de limão ralada
- 1 colher de sopa de suco de limão
- 1 xícara de tomate cereja, cortado ao meio
- ½ cebola roxa, fatiada
- 2 xícaras de rúcula baby

Endereços:
1. Numa tigela, junte a truta fumada com as azeitonas, a pimenta-do-reino e os restantes ingredientes, misture e sirva.

Nutrição: calorias 282, gordura 13,4, fibra 5,3, carboidratos 11,6, proteína 5,6

salmão açafrão

Tempo de preparo: 10 minutos.
Tempo de preparo: 12 minutos.
Porções: 4

Ingredientes:
- pimenta preta a gosto
- ½ colher de chá de páprica doce
- 4 filés de salmão sem osso
- 3 c. de sopa de azeite
- 1 cebola amarela, picada
- 2 dentes de alho, picados
- ¼ colher de chá de açafrão em pó

Endereços:
1. Aqueça uma frigideira com o azeite em lume médio-alto, junte a cebola e os alhos, mexa e refogue durante 2 minutos.
2. Adicione o salmão e os demais ingredientes, frite por 5 minutos de cada lado, divida pelos pratos e sirva.

Nutrição: calorias 339, gordura 21,6, fibra 0,7, carboidratos 3,2, proteína 35

Salada de camarão e melancia

Tempo de preparo: 10 minutos.
Tempo de preparação: 0 minutos.
Porções: 4

Ingredientes:
- ¼ xícara de manjericão, picado
- 2 xícaras de melancia, descascada e cortada em cubos
- 2 colheres de vinagre balsâmico
- 2 c. de sopa de azeite
- 1 libra de camarão, descascado, limpo e cozido
- pimenta preta a gosto
- 1 colher de salsa picada

Endereços:
1. Em uma tigela, misture os camarões com a melancia e os demais ingredientes, misture e sirva.

Nutrição: calorias 220, gordura 9, fibra 0,4, carboidratos 7,6, proteína 26,4

Salada de camarão e quinoa com orégano

Tempo de preparo: 5 minutos.
Tempo de preparo: 8 minutos.
Porções: 4

Ingredientes:
- 1 libra de camarão, descascado e eviscerado
- 1 xícara de quinua cozida
- pimenta preta a gosto
- 1 colher de sopa de azeite
- 1 colher de sopa de orégano picado
- 1 cebola roxa, picada
- suco de 1 limão

Endereços:
1. Aqueça uma frigideira com o azeite em fogo médio-alto, acrescente a cebola, mexa e frite por 2 minutos.
2. Adicione os camarões, mexa e cozinhe por 5 minutos.
3. Adicione o restante dos ingredientes, mexa, divida tudo em tigelas e sirva.

Nutrição: calorias 336, gordura 8,2, fibra 4,1, carboidratos 32,3, proteína 32,3

salada de caranguejo

Tempo de preparo: 10 minutos.
Tempo de preparação: 0 minutos.
Porções: 4

Ingredientes:
- 1 colher de sopa de azeite
- 2 xícaras de caranguejo
- pimenta preta a gosto
- 1 xícara de tomate cereja, cortado ao meio
- 1 chalota picada
- 1 colher de sopa de suco de limão
- 1/3 xícara de coentro picado

Endereços:
1. Em uma tigela, misture o caranguejo com os tomates e os demais ingredientes, misture e sirva.

Nutrição: calorias 54, gordura 3,9, fibra 0,6, carboidratos 2,6, proteína 2,3

vieiras balsâmicas

Tempo de preparo: 4 minutos.
Tempo de preparo: 6 minutos.
Porções: 4

Ingredientes:
- 12 onças vieiras
- 2 c. de sopa de azeite
- 2 dentes de alho, picados
- 1 colher de vinagre balsâmico
- 1 xícara de cebolinha, fatiada
- 2 colheres de coentro picado

Endereços:
1. Aqueça uma frigideira com o azeite em fogo médio, acrescente a cebolinha e o alho e frite por 2 minutos.
2. Adicione as vieiras e o restante dos ingredientes, frite por 2 minutos de cada lado, divida em pratos e sirva.

Nutrição: calorias 146, gordura 7,7, fibra 0,7, carboidratos 4,4, proteína 14,8

Mistura cremosa de esfoliante

Tempo de preparo: 10 minutos.
Tempo de preparo: 20 minutos.
Porções: 4

Ingredientes:
- 2 c. de sopa de azeite
- 1 cebola roxa, picada
- pimenta preta a gosto
- ½ xícara de caldo de legumes com baixo teor de sódio
- 4 filés de linguado, desossados
- ½ xícara de creme de coco
- 1 colher de sopa de endro picado

Endereços:
1. Aqueça uma panela com o azeite em fogo médio, acrescente a cebola, mexa e frite por 5 minutos.
2. Adicione o peixe e frite por 4 minutos de cada lado.
3. Adicione o restante dos ingredientes, cozinhe por mais 7 minutos, divida pelos pratos e sirva.

Nutrição: calorias 232, gordura 12,3, fibra 4, carboidratos 8,7, proteína 12

Salmão temperado e mistura de manga

Tempo de preparo: 5 minutos.
Tempo de preparação: 0 minutos.
Porções: 4

Ingredientes:
- 1 libra de salmão defumado desossado e sem pele
- pimenta preta a gosto
- 1 cebola roxa, picada
- 1 manga, descascada, sem sementes e picada
- 2 pimentas jalapeño picadas
- ¼ xícara de salsinha picada
- 3 colheres de sopa de suco de limão
- 1 colher de sopa de azeite

Endereços:
2. Em uma tigela, misture o salmão com pimenta do reino e os demais ingredientes, misture e sirva.

Nutrição: calorias 323, gordura 14,2, fibra 4, carboidratos 8,5, proteína 20,4

Mix de Camarão Dill

Tempo de preparo: 5 minutos.
Tempo de preparação: 0 minutos.
Porções: 4

Ingredientes:
- 2 colheres de chá de suco de limão
- 1 colher de sopa de azeite
- 1 colher de sopa de endro picado
- 1 libra de camarão, cozido, descascado e eviscerado
- pimenta preta a gosto
- 1 xícara de rabanetes, em cubos

Endereços:
1. Em uma tigela, misture os camarões com o suco de limão e os demais ingredientes, misture e sirva.

Nutrição: calorias 292, gordura 13, fibra 4,4, carboidratos 8, proteína 16,4

patê de salmão

Tempo de preparo: 4 minutos.
Tempo de preparação: 0 minutos.
Porções: 6

Ingredientes:
- 6 onças de salmão defumado, desossado, sem pele e desfiado
- 2 colheres de sopa de iogurte magro
- 3 colheres de chá de suco de limão
- 2 cebolinhas picadas
- 8 onças de queijo creme com baixo teor de gordura
- ¼ xícara de coentro picado

Endereços:
1. Numa tigela, misture o salmão com o iogurte e os demais ingredientes, misture e sirva frio.

Nutrição: calorias 272, gordura 15,2, fibra 4,3, carboidratos 16,8, proteína 9,9

camarões com alcachofras

Tempo de preparo: 4 minutos.
Tempo de preparo: 8 minutos.
Porções: 4

Ingredientes:
- 2 cebolas verdes picadas
- 1 xícara de alcachofras enlatadas, sem adição de sal, escorridas e cortadas em quartos
- 2 colheres de coentro picado
- 1 libra de camarão, descascado e eviscerado
- 1 xícara de tomate cereja em cubos
- 1 colher de sopa de azeite
- 1 colher de vinagre balsâmico
- Uma pitada de sal e pimenta preta.

Endereços:
1. Aqueça uma panela com o azeite em fogo médio, acrescente a cebola e as alcachofras, mexa e frite por 2 minutos.
2. Adicione os camarões, mexa e cozinhe em fogo médio por 6 minutos.
3. Divida tudo em tigelas e sirva.

Nutrição: calorias 260, gordura 8,23, fibra 3,8, carboidratos 14,3, proteína 12,4

Camarões com molho de limão

Tempo de preparo: 5 minutos.
Tempo de preparo: 8 minutos.
Porções: 4

Ingredientes:
- 1 libra de camarão, descascado e eviscerado
- 2 c. de sopa de azeite
- Raspas de 1 limão ralado
- suco de ½ limão
- 1 colher de cebolinha picada

Endereços:
1. Aqueça uma frigideira com o azeite em lume médio-alto, junte as raspas de limão, o sumo de limão e os coentros, mexa e deixe cozinhar durante 2 minutos.
2. Adicione os camarões, cozinhe por mais 6 minutos, divida pelos pratos e sirva.

Nutrição: calorias 195, gordura 8,9, fibra 0, carboidratos 1,8, proteína 25,9

Mistura de atum e laranja

Tempo de preparo: 5 minutos.
Tempo de preparo: 12 minutos.
Porções: 4

Ingredientes:
- 4 bifes de atum sem osso
- pimenta preta a gosto
- 2 c. de sopa de azeite
- 2 chalotas picadas
- 3 colheres de sopa de suco de laranja
- 1 laranja, descascada e cortada em cubos
- 1 colher de sopa de orégano picado

Endereços:
1. Aqueça uma frigideira com o azeite em fogo médio, acrescente as chalotas, mexa e frite por 2 minutos.
2. Adicione o atum e os demais ingredientes, cozinhe por mais 10 minutos, divida em pratos e sirva.

Nutrição: calorias 457, gordura 38,2, fibra 1,6, carboidratos 8,2, proteína 21,8

caril de salmão

Tempo de preparo: 10 minutos.
Tempo de preparo: 20 minutos.
Porções: 4

Ingredientes:
- 1 libra de filé de salmão, desossado e cortado em cubos
- 3 colheres de sopa de pasta de caril vermelho
- 1 cebola roxa, picada
- 1 colher de chá de páprica doce
- 1 xícara de creme de coco
- 1 colher de sopa de azeite
- pimenta preta a gosto
- ½ xícara de caldo de galinha com baixo teor de sódio
- 3 colheres de manjericão picado

Endereços:
1. Aqueça uma panela com o azeite em fogo médio-alto, acrescente a cebola, a páprica e a pasta de curry, mexa e cozinhe por 5 minutos.
2. Adicione o salmão e os demais ingredientes, mexa delicadamente, cozinhe em fogo médio por 15 minutos, divida em tigelas e sirva.

Nutrição: calorias 377, gordura 28,3, fibra 2,1, carboidratos 8,5, proteína 23,9

Mix de salmão e cenoura

Tempo de preparo: 10 minutos.
Tempo de preparo: 15 minutos.
Porções: 4

Ingredientes:
- 4 filés de salmão sem osso
- 1 cebola roxa, picada
- 2 cenouras fatiadas
- 2 c. de sopa de azeite
- 2 colheres de vinagre balsâmico
- pimenta preta a gosto
- 2 colheres de cebolinha picada
- ¼ xícara de caldo de legumes com baixo teor de sódio

Endereços:
1. Aqueça uma panela com o azeite em fogo médio, acrescente a cebola e a cenoura, mexa e frite por 5 minutos.
2. Junte o salmão e os demais ingredientes, cozinhe por mais 10 minutos, divida pelos pratos e sirva.

Nutrição: calorias 322, gordura 18, fibra 1,4, carboidratos 6, proteína 35,2

Mistura de camarões e pinhões

Tempo de preparo: 10 minutos.
Tempo de preparo: 10 minutos.
Porções: 4

Ingredientes:
- 1 libra de camarão, descascado e eviscerado
- 2 colheres de pinhões
- 1 colher de sopa de suco de limão
- 2 c. de sopa de azeite
- 3 dentes de alho, picados
- pimenta preta a gosto
- 1 colher de sopa de tomilho picado
- 2 colheres de sopa de cebolinha bem picadinha

Endereços:
1. Aqueça uma frigideira com o azeite em lume médio-alto, junte os alhos, o tomilho, os pinhões e o sumo de lima, mexa e frite durante 3 minutos.
2. Junte os camarões, a pimenta-do-reino e a cebolinha, mexa, cozinhe por mais 7 minutos, divida pelos pratos e sirva.

Nutrição: calorias 290, gordura 13, fibra 4,5, carboidratos 13,9, proteína 10

Bacalhau com malagueta e feijão verde

Tempo de preparo: 10 minutos.
Tempo de preparo: 14 minutos.
Porções: 4

Ingredientes:
- 4 filés de bacalhau sem osso
- ½ libra de feijão verde, aparado e cortado ao meio
- 1 colher de sopa de suco de limão
- 1 colher de sopa de casca de lima ralada
- 1 cebola amarela, picada
- 2 c. de sopa de azeite
- 1 colher de chá de cominho, moído
- 1 colher de chá de pimenta em pó
- ½ xícara de caldo de legumes com baixo teor de sódio
- Uma pitada de sal e pimenta preta.

Endereços:
1. Aqueça uma frigideira com o azeite em fogo médio-alto, acrescente a cebola, mexa e frite por 2 minutos.
2. Adicione o peixe e frite por 3 minutos de cada lado.
3. Adicione o feijão verde e o restante dos ingredientes, misture delicadamente, cozinhe por mais 7 minutos, divida pelos pratos e sirva.

Nutrição: calorias 220, gordura 13, carboidratos 14,3, fibra 2,3, proteína 12

amêijoas alho

Tempo de preparo: 5 minutos.
Tempo de preparo: 8 minutos.
Porções: 4

Ingredientes:
- 12 vieiras
- 1 cebola roxa fatiada
- 2 c. de sopa de azeite
- ½ colher de alho picado
- 2 colheres de sopa de suco de limão
- pimenta preta a gosto
- 1 colher de chá de vinagre balsâmico

Endereços:
1. Aqueça uma panela com o azeite em fogo médio, acrescente a cebola e o alho e frite por 2 minutos.
2. Adicione as vieiras e os demais ingredientes, cozinhe em fogo médio por mais 6 minutos, divida pelos pratos e sirva quente.

Nutrição: calorias 259, gordura 8, fibra 3, carboidratos 5,7, proteína 7

Mistura cremosa de robalo

Tempo de preparo: 10 minutos.
Tempo de preparo: 14 minutos.
Porções: 4

Ingredientes:
- 4 filetes de robalo sem osso
- 1 xícara de creme de coco
- 1 cebola amarela, picada
- 1 colher de sopa de suco de limão
- 2 c. de sopa de óleo de abacate
- 1 colher de salsa picada
- Uma pitada de pimenta preta

Endereços:
1. Aqueça uma panela com o azeite em fogo médio, acrescente a cebola, mexa e frite por 2 minutos.
2. Adicione o peixe e frite por 4 minutos de cada lado.
3. Adicione o restante dos ingredientes, cozinhe por mais 4 minutos, divida pelos pratos e sirva.

Nutrição: calorias 283, gordura 12,3, fibra 5, carboidratos 12,5, proteína 8

Mistura de robalo e cogumelos

Tempo de preparo: 10 minutos.
Tempo de preparo: 13 minutos.
Porções: 4

Ingredientes:
- 4 filetes de robalo sem osso
- 2 c. de sopa de azeite
- pimenta preta a gosto
- ½ xícara de cogumelos brancos fatiados
- 1 cebola roxa, picada
- 2 colheres de vinagre balsâmico
- 3 c. de sopa de coentros picados

Endereços:
1. Aqueça uma frigideira com o azeite em lume médio-alto, junte a cebola e os cogumelos, mexa e refogue durante 5 minutos.
2. Adicione o peixe e os demais ingredientes, frite por 4 minutos de cada lado, divida tudo em pratos e sirva.

Nutrição: calorias 280, gordura 12,3, fibra 8, carboidratos 13,6, proteína 14,3

sopa de salmão

Tempo de preparo: 5 minutos.
Tempo de preparo: 20 minutos.
Porções: 4

Ingredientes:
- 1 libra de filés de salmão sem osso e sem pele em cubos
- 1 xícara de cebola amarela picada
- 2 c. de sopa de azeite
- pimenta preta a gosto
- 2 xícaras de caldo de legumes com baixo teor de sódio
- 1 e ½ xícaras de tomate picado
- 1 colher de sopa de manjericão picado

Endereços:
1. Aqueça uma panela com o azeite em fogo médio, acrescente a cebola, mexa e frite por 5 minutos.
2. Adicione o salmão e os demais ingredientes, deixe ferver e cozinhe em fogo médio por 15 minutos.
3. Divida a sopa em tigelas e sirva.

Nutrição: calorias 250, gordura 12,2, fibra 5, carboidratos 8,5, proteína 7

Camarão Noz Moscada

Tempo de preparo: 3 minutos.
Tempo de preparo: 6 minutos.
Porções: 4

Ingredientes:
- 1 libra de camarão, descascado e eviscerado
- 2 c. de sopa de azeite
- 1 colher de sopa de suco de limão
- 1 colher de sopa de noz-moscada moída
- pimenta preta a gosto
- 1 c. de sopa de coentros picados

Endereços:
1. Aqueça uma frigideira com o azeite em fogo médio, acrescente os camarões, o suco de limão e os demais ingredientes, mexa, cozinhe por 6 minutos, divida em tigelas e sirva.

Nutrição: calorias 205, gordura 9,6, fibra 0,4, carboidratos 2,7, proteína 26

Mistura de camarões e frutos silvestres

Tempo de preparo: 4 minutos.
Tempo de preparo: 6 minutos.
Porções: 4

Ingredientes:
- 1 libra de camarão, descascado e eviscerado
- ½ xícara de tomate em cubos
- 2 c. de sopa de azeite
- 1 colher de vinagre balsâmico
- ½ xícara de morangos picados
- pimenta preta a gosto

Endereços:
1. Aqueça uma panela com o azeite em fogo médio, acrescente os camarões, mexa e cozinhe por 3 minutos.
2. Adicione o restante dos ingredientes, misture, cozinhe por mais 3-4 minutos, divida em tigelas e sirva.

Nutrição: calorias 205, gordura 9, fibra 0,6, carboidratos 4, proteína 26,2

Truta de limão assada

Tempo de preparo: 10 minutos.
Tempo de preparo: 30 minutos.
Porções: 4

Ingredientes:
- 4 trutas
- 1 colher de sopa de casca de limão ralada
- 2 c. de sopa de azeite
- 2 colheres de sopa de suco de limão
- Uma pitada de pimenta preta
- 2 colheres de coentro picado

Endereços:
1. Em uma assadeira, misture o peixe com as raspas de limão e os demais ingredientes e esfregue.
2. Asse a 370 graus F por 30 minutos, divida entre os pratos e sirva.

Nutrição: calorias 264, gordura 12,3, fibra 5, carboidratos 7, proteína 11

amêijoas cebolinha

Tempo de preparo: 3 minutos.
Tempo de preparo: 4 minutos.
Porções: 4

Ingredientes:
- 12 vieiras
- 2 c. de sopa de azeite
- pimenta preta a gosto
- 2 colheres de cebolinha picada
- 1 colher de sopa de páprica doce

Endereços:
1. Aqueça uma frigideira com o azeite em fogo médio, acrescente as vieiras, a páprica e os demais ingredientes e frite por 2 minutos de cada lado.
2. Divida entre os pratos e sirva com uma salada.

Nutrição: calorias 215, gordura 6, fibra 5, carboidratos 4,5, proteína 11

almôndegas de atum

Tempo de preparo: 10 minutos.
Tempo de preparo: 30 minutos.
Porções: 4

Ingredientes:
- 2 c. de sopa de azeite
- 1 libra de atum, sem pele, desossado e picado
- 1 cebola amarela, picada
- ¼ xícara de cebolinha picada
- 1 ovo batido
- 1 colher de farinha de coco
- Uma pitada de sal e pimenta preta.

Endereços:
1. Numa tigela, misture o atum com a cebola e os restantes ingredientes menos o azeite, mexa bem e forme almôndegas de tamanho médio com esta mistura.
2. Disponha as almôndegas em uma assadeira, pincele com azeite, leve ao forno a 350 graus F, asse por 30 minutos, divida nos pratos e sirva.

Nutrição: calorias 291, gordura 14,3, fibra 5, carboidratos 12,4, proteína 11

panela de salmão

Tempo de preparo: 10 minutos.
Tempo de preparo: 12 minutos.
Porções: 4

Ingredientes:
- 4 filés de salmão, desossados e cortados em cubos
- 2 c. de sopa de azeite
- 1 pimentão vermelho cortado em tiras
- 1 abobrinha, cortada grosseiramente
- 1 berinjela, em cubos
- 1 colher de sopa de suco de limão
- 1 colher de sopa de endro picado
- ¼ xícara de caldo de legumes com baixo teor de sódio
- 1 colher de chá de alho em pó
- Uma pitada de pimenta preta

Endereços:
1. Aqueça uma frigideira com óleo em fogo médio-alto, acrescente o pimentão, a abobrinha e a berinjela, mexa e frite por 3 minutos.
2. Adicione o salmão e os demais ingredientes, misture delicadamente, cozinhe por mais 9 minutos, divida pelos pratos e sirva.

Nutrição: calorias 348, gordura 18,4, fibra 5,3, carboidratos 11,9, proteína 36,9

Mistura de bacalhau com mostarda

Tempo de preparo: 10 minutos.
Tempo de preparo: 25 minutos.
Porções: 4

Ingredientes:
- 4 filetes de bacalhau, sem pele e espinhas
- Uma pitada de pimenta preta
- 1 colher de chá de gengibre ralado
- 1 colher de sopa de mostarda
- 2 c. de sopa de azeite
- 1 colher de chá de tomilho seco
- ¼ colher de chá de cominho moído
- 1 colher de cúrcuma em pó
- ¼ xícara de coentro picado
- 1 xícara de caldo de legumes com baixo teor de sódio
- 3 dentes de alho, picados

Endereços:
1. Combine bacalhau com pimenta preta, gengibre e ingredientes restantes em uma assadeira, misture delicadamente e leve ao forno a 380 graus F por 25 minutos.
2. Divida a mistura entre os pratos e sirva.

Nutrição: calorias 176, gordura 9, fibra 1, carboidratos 3,7, proteína 21,2

Mistura de camarões e espargos

Tempo de preparo: 10 minutos.
Tempo de preparo: 14 minutos.
Porções: 4

Ingredientes:
- 1 maço de aspargos cortados ao meio
- 1 libra de camarão, descascado e eviscerado
- pimenta preta a gosto
- 2 c. de sopa de azeite
- 1 cebola roxa, picada
- 2 dentes de alho, picados
- 1 xícara de creme de coco

Endereços:
1. Aqueça uma panela com o azeite em fogo médio, acrescente a cebola, o alho e os aspargos, mexa e frite por 4 minutos.
2. Adicione os camarões e os demais ingredientes, mexa, cozinhe em fogo médio por 10 minutos, divida tudo em tigelas e sirva.

Nutrição: calorias 225, gordura 6, fibra 3,4, carboidratos 8,6, proteína 8

bacalhau e ervilhas

Tempo de preparo: 10 minutos.
Tempo de preparo: 20 minutos.
Porções: 4

Ingredientes:
- 1 cebola amarela, picada
- 2 c. de sopa de azeite
- ½ xícara de caldo de galinha com baixo teor de sódio
- 4 filés de bacalhau, sem osso, sem pele
- pimenta preta a gosto
- 1 xícara de ervilhas

Endereços:
1. Aqueça uma panela com o azeite em fogo médio, acrescente a cebola, mexa e frite por 4 minutos.
2. Adicione o peixe e frite por 3 minutos de cada lado.
3. Junte as ervilhas e os demais ingredientes, cozinhe por mais 10 minutos, divida pelos pratos e sirva.

Nutrição: calorias 240, gordura 8,4, fibra 2,7, carboidratos 7,6, proteína 14

Tigelas de camarão e mexilhão

Tempo de preparo: 5 minutos.
Tempo de preparo: 12 minutos.
Porções: 4

Ingredientes:
- 1 libra de amêijoas, lavadas
- ½ xícara de caldo de galinha com baixo teor de sódio
- 1 libra de camarão, descascado e eviscerado
- 2 chalotas picadas
- 1 xícara de tomate cereja em cubos
- 2 dentes de alho, picados
- 1 colher de sopa de azeite
- suco de 1 limão

Endereços:
1. Aqueça uma frigideira com o azeite em fogo médio, acrescente as chalotas e o alho e frite por 2 minutos.
2. Adicione os camarões, os mexilhões e o restante dos ingredientes, cozinhe tudo em fogo médio por 10 minutos, divida em tigelas e sirva.

Nutrição: calorias 240, gordura 4,9, fibra 2,4, carboidratos 11,6, proteína 8

creme de menta

Tempo de preparação:2 horas e 4 minutos

Tempo de preparação: 0 minutos.
Porções: 4

Ingredientes:
- 4 xícaras de iogurte sem gordura
- 1 xícara de creme de coco
- 3 colheres de sopa de estévia
- 2 colheres de chá de raspas de limão
- 1 colher de sopa de hortelã picada

Endereços:
1. Bata no liquidificador o creme de leite com o iogurte e os demais ingredientes, bata bem, divida em copinhos e leve à geladeira por 2 horas antes de servir.

Nutrição:calorias 512, gordura 14,3, fibra 1,5, carboidratos 83,6, proteína 12,1

pudim de framboesa

Tempo de preparo: 10 minutos.
Tempo de preparo: 24 minutos.
Porções: 4

Ingredientes:
- 1 xícara de framboesas
- 2 colheres de chá de açúcar de coco
- 3 ovos, batidos
- 1 colher de sopa de óleo de abacate
- ½ xícara de leite de amêndoa
- ½ xícara de farinha de coco
- ¼ xícara de iogurte sem gordura

Endereços:
1. Em uma tigela, misture as framboesas com o açúcar e todos os outros ingredientes, exceto o spray de cozinha e misture bem.
2. Unte uma forma de pudim com spray de cozinha, adicione a mistura de framboesa, espalhe, leve ao forno a 400 graus F por 24 minutos, divida entre os pratos de sobremesa e sirva.

Nutrição: calorias 215, gordura 11,3, fibra 3,4, carboidratos 21,3, proteína 6,7

barras de amêndoa

Tempo de preparo: 10 minutos.
Tempo de preparo: 30 minutos.
Porções: 4

Ingredientes:
- 1 xícara de amêndoas trituradas
- 2 ovos batidos
- ½ xícara de leite de amêndoa
- 1 colher de chá de extrato de baunilha
- 2/3 xícara de açúcar de coco
- 2 xícaras de farinha de trigo integral
- 1 colher de chá de fermento em pó
- spray para cozinhar

Endereços:
1. Em uma tigela, misture as amêndoas com os ovos e todos os outros ingredientes, exceto o spray de cozinha e misture bem.
2. Despeje em uma forma quadrada untada com spray de cozinha, espalhe bem, leve ao forno por 30 minutos, deixe esfriar, corte em barras e sirva.

Nutrição: calorias 463, gordura 22,5, fibra 11, carboidratos 54,4, proteína 16,9

Mistura de pêssego assado

Tempo de preparo: 10 minutos.
Tempo de preparo: 30 minutos.
Porções: 4

Ingredientes:
- 4 pêssegos sem caroço e cortados ao meio
- 1 colher de açúcar de coco
- 1 colher de chá de extrato de baunilha
- ¼ colher de chá de canela em pó
- 1 colher de sopa de óleo de abacate

Endereços:
1. Em uma assadeira, misture os pêssegos com açúcar e outros ingredientes, leve ao forno a 375 graus F por 30 minutos, deixe esfriar e sirva.

Nutrição: calorias 91, gordura 0,8, fibra 2,5, carboidratos 19,2, proteína 1,7

Torta de nozes

Tempo de preparo: 10 minutos.
Tempo de preparo: 25 minutos.
Porções: 8

Ingredientes:
- 3 xícaras de farinha de amêndoa
- 1 xícara de açúcar de coco
- 1 c. de sopa de extrato de baunilha
- ½ xícara de nozes picadas
- 2 colheres de chá de fermento em pó
- 2 xícaras de leite de coco
- ½ xícara de óleo de coco derretido

Endereços:
1. Misture a farinha de amêndoa em uma tigela com o açúcar e os outros ingredientes, bata bem, despeje em uma forma de bolo, espalhe, leve ao forno a 370 graus F, asse por 25 minutos.
2. Deixe o bolo esfriar, corte em fatias e sirva.

Nutrição: calorias 445, gordura 10, fibra 6,5, carboidratos 31,4, proteína 23,5

torta de maçã

Tempo de preparo: 10 minutos.
Tempo de preparo: 30 minutos.
Porções: 4

Ingredientes:
- 2 xícaras de farinha de amêndoa
- 1 colher de chá de fermento em pó
- 1 colher de chá de fermento em pó
- ½ colher de chá de canela em pó
- 2 colheres de açúcar de coco
- 1 xícara de leite de amêndoa
- 2 maçãs verdes, sem caroço, descascadas e picadas
- spray para cozinhar

Endereços:
1. Em uma tigela, misture a farinha, o fermento, as maçãs e todos os outros ingredientes, exceto o spray de cozinha e misture bem.
2. Despeje em uma assadeira untada com spray de cozinha, espalhe bem, leve ao forno e asse a 360 graus F por 30 minutos.
3. Esfrie o bolo, corte em fatias e sirva.

Nutrição: calorias 332, gordura 22,4, fibra 9I,6, carboidratos 22,2, proteína 12,3

creme de canela

Tempo de preparo: 2 horas.
Tempo de preparo: 10 minutos.
Porções: 4

Ingredientes:
- 1 xícara de leite de amêndoa desnatado
- 1 xícara de creme de coco
- 2 xícaras de açúcar de coco
- 2 colheres de sopa de canela em pó
- 1 colher de chá de extrato de baunilha

Endereços:
1. Aqueça uma panela com o leite de amêndoa em fogo médio, acrescente os demais ingredientes, mexa e cozinhe por mais 10 minutos.
2. Divida a mistura em tigelas, deixe esfriar e guarde na geladeira 2 horas antes de servir.

Nutrição: calorias 254, gordura 7,5, fibra 5, carboidratos 16,4, proteína 9,5

mistura cremosa de morango

Tempo de preparo: 10 minutos.
Tempo de preparação: 0 minutos.
Porções: 4

Ingredientes:
- 1 colher de chá de extrato de baunilha
- 2 xícaras de morangos picados
- 1 colher de chá de açúcar de coco
- 8 onças de iogurte sem gordura

Endereços:
1. Em uma tigela, misture os morangos com a baunilha e os demais ingredientes, misture e sirva frio.

Nutrição: calorias 343, gordura 13,4, fibra 6, carboidratos 15,43, proteína 5,5

Brownies de baunilha e nozes

Tempo de preparo: 10 minutos.
Tempo de preparo: 25 minutos.
Porções: 8

Ingredientes:
- 1 xícara de nozes picadas
- 3 colheres de açúcar de coco
- 2 colheres de cacau em pó
- 3 ovos, batidos
- ¼ xícara de óleo de coco, derretido
- ½ colher de fermento em pó
- 2 c. de chá de extrato de baunilha
- spray para cozinhar

Endereços:
1. No processador de alimentos, misture as nozes com o açúcar de coco e todos os outros ingredientes, exceto o spray de cozinha e bata bem.
2. Cubra uma forma quadrada com spray de cozinha, adicione a mistura de brownie, espalhe, coloque no forno, leve ao forno a 350 graus F por 25 minutos, deixe esfriar, fatie e sirva.

Nutrição: calorias 370, gordura 14,3, fibra 3, carboidratos 14,4, proteína 5,6

bolo de morango

Tempo de preparo: 10 minutos.
Tempo de preparo: 25 minutos.
Porções: 6

Ingredientes:
- 2 xícaras de farinha de trigo integral
- 1 xícara de morangos picados
- ½ colher de fermento em pó
- ½ xícara de açúcar de coco
- ¾ xícara de leite de coco
- ¼ xícara de óleo de coco, derretido
- 2 ovos batidos
- 1 colher de chá de extrato de baunilha
- spray para cozinhar

Endereços:
1. Em uma tigela, misture a farinha com os morangos e os demais ingredientes, exceto a Coca-Cola em spray e bata bem.
2. Unte uma forma de bolo com spray de cozinha, despeje a mistura de bolo, estenda, leve ao forno a 350 graus F por 25 minutos, deixe esfriar, corte e sirva.

Nutrição: calorias 465, gordura 22,1, fibra 4, carboidratos 18,3, proteína 13,4

pudim de cacau

Tempo de preparo: 10 minutos.
Tempo de preparo: 10 minutos.
Porções: 4

Ingredientes:
- 2 colheres de açúcar de coco
- 3 c. de sopa de farinha de coco
- 2 colheres de cacau em pó
- 2 xícaras de leite de amêndoa
- 2 ovos batidos
- ½ colher de chá de extrato de baunilha

Endereços:
1. Coloque o leite em uma panela, acrescente o cacau e os demais ingredientes, bata, cozinhe em fogo médio por 10 minutos, despeje em copinhos e sirva frio.

Nutrição: calorias 385, gordura 31,7, fibra 5,7, carboidratos 21,6, proteína 7,3

Noz-moscada e creme de baunilha

Tempo de preparo: 10 minutos.
Tempo de preparação: 0 minutos.
Porções: 6

Ingredientes:
- 3 xícaras de leite desnatado
- 1 colher de chá de noz-moscada moída
- 2 c. de chá de extrato de baunilha
- 4 colheres de chá de açúcar de coco
- 1 xícara de nozes picadas

Endereços:
1. Junte o leite com a noz-moscada e os demais ingredientes em uma tigela, misture bem, divida em copinhos e sirva frio.

Nutrição: calorias 243, gordura 12,4, fibra 1,5, carboidratos 21,1, proteína 9,7

creme de abacate

Tempo de preparação: 1 hora e 10 minutos

Tempo de preparação: 0 minutos.
Porções: 4

Ingredientes:
- 2 xícaras de creme de coco
- 2 abacates, descascados, sem caroço e amassados
- 2 colheres de açúcar de coco
- 1 colher de chá de extrato de baunilha

Endereços:
1. No liquidificador, bata o creme com o abacate e o restante dos ingredientes, bata bem, divida em copinhos e leve à geladeira por 1 hora antes de servir.

Nutrição: calorias 532, gordura 48,2, fibra 9,4, carboidratos 24,9, proteína 5,2

www.ingramcontent.com/pod-product-compliance
Lightning Source LLC
Chambersburg PA
CBHW070404120526
44590CB00014B/1253